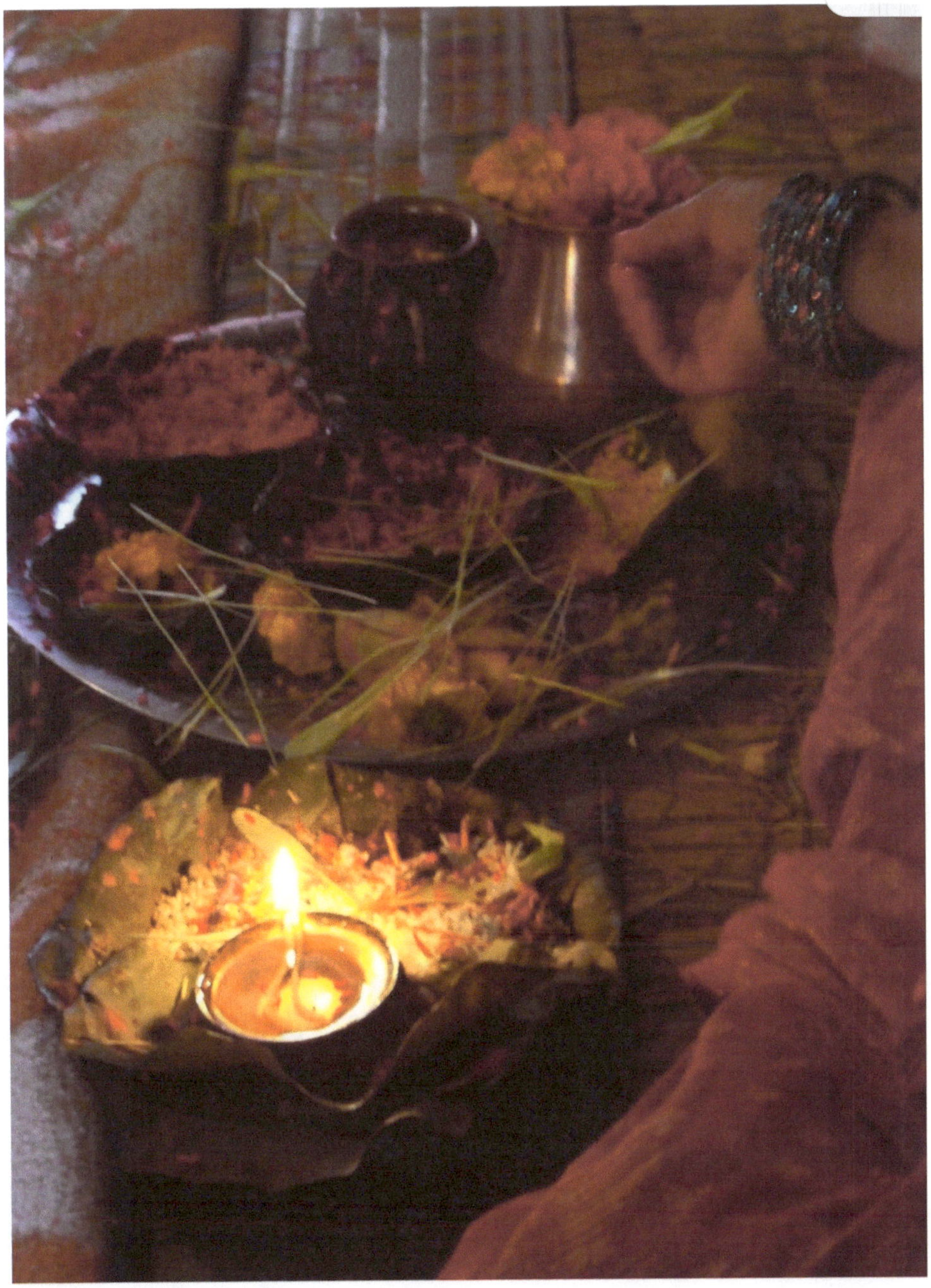

Marino Curnis

FOTO ALBUM DEL MIO III VIAGGIO IN NEPAL

(16 ottobre/15 dicembre 2007)

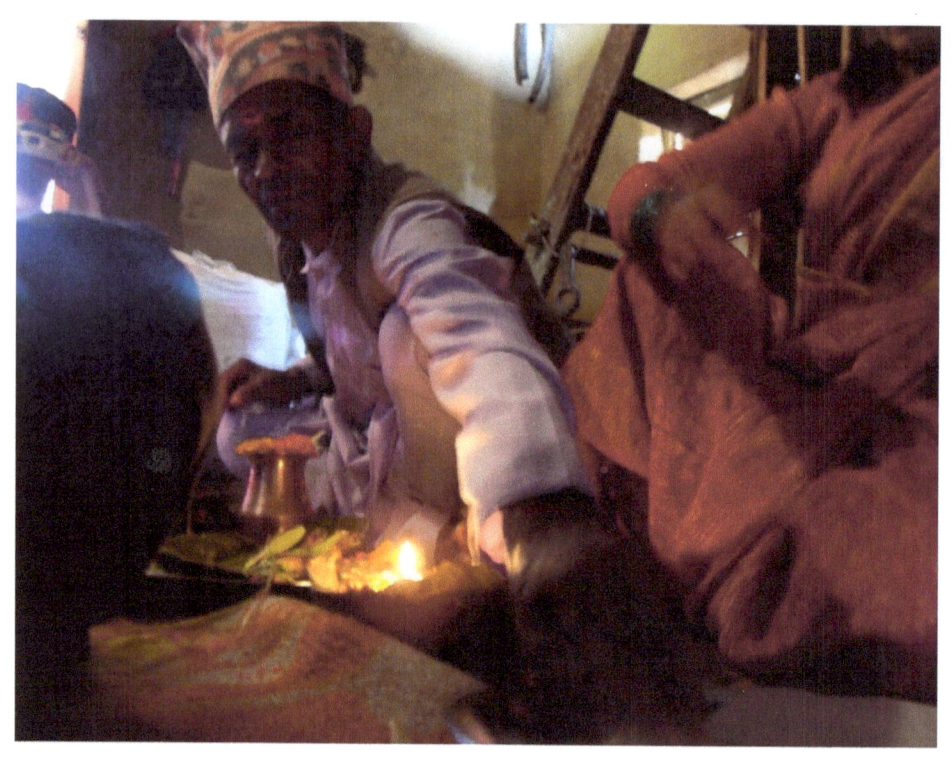

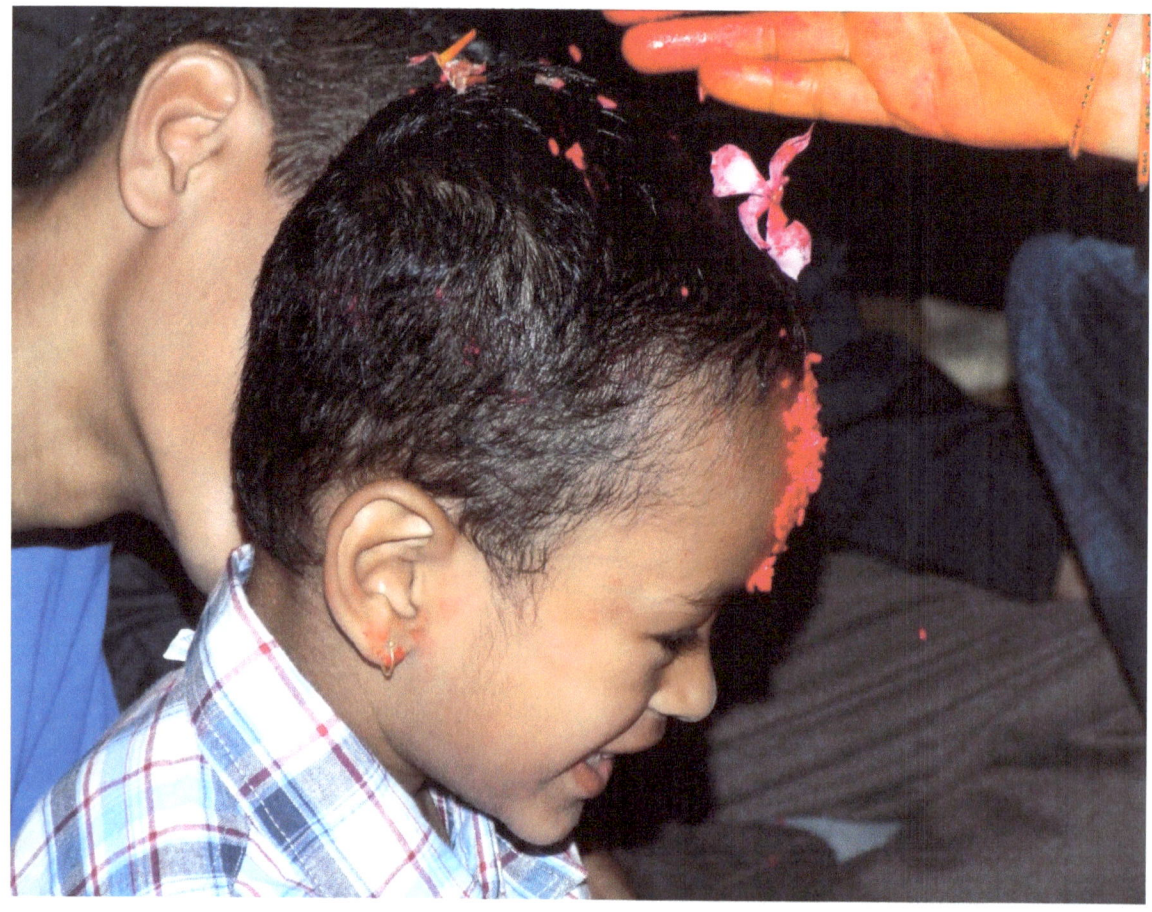

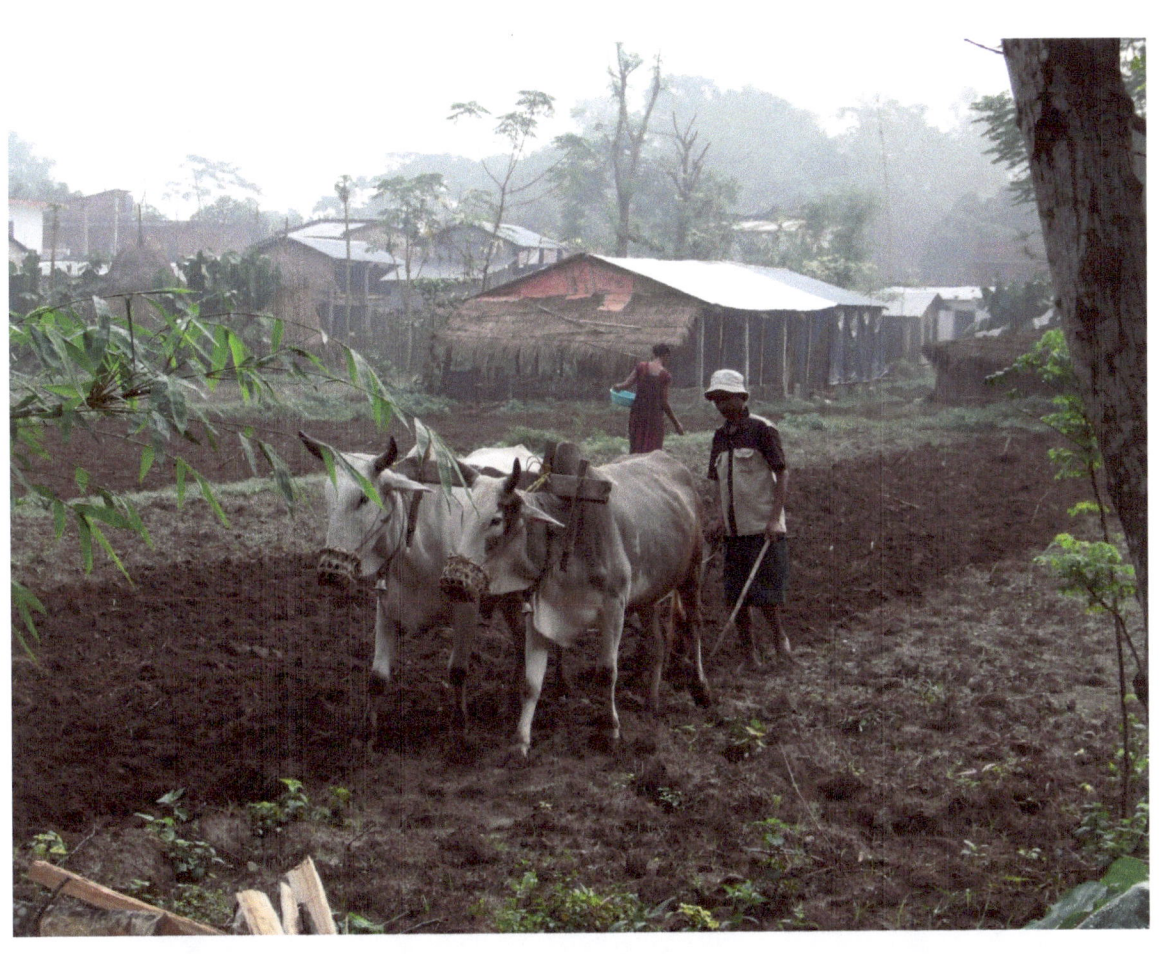

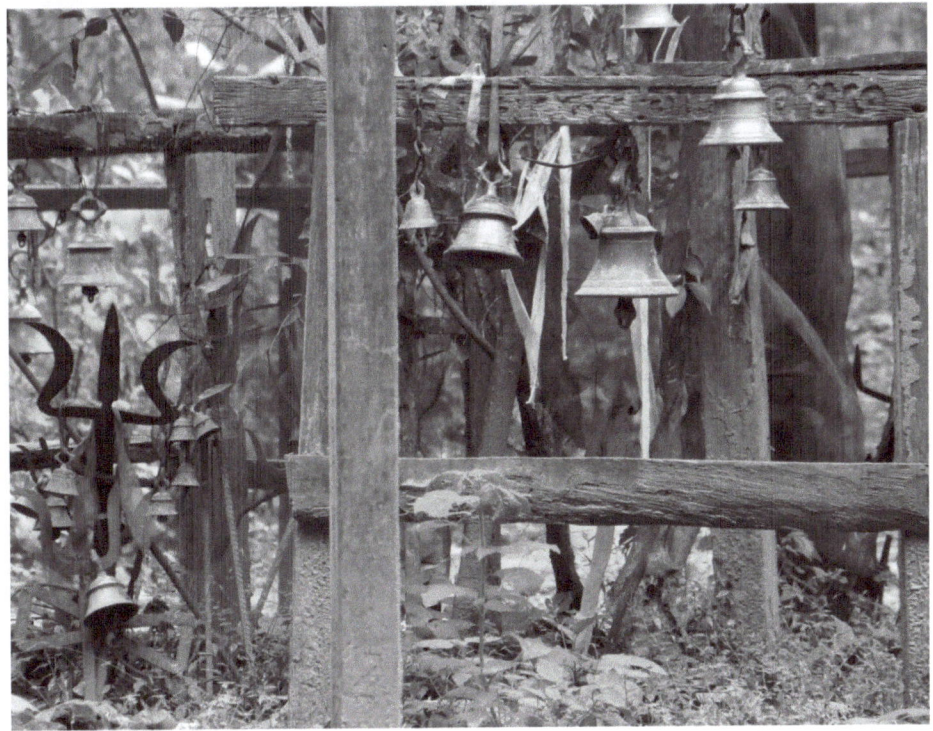

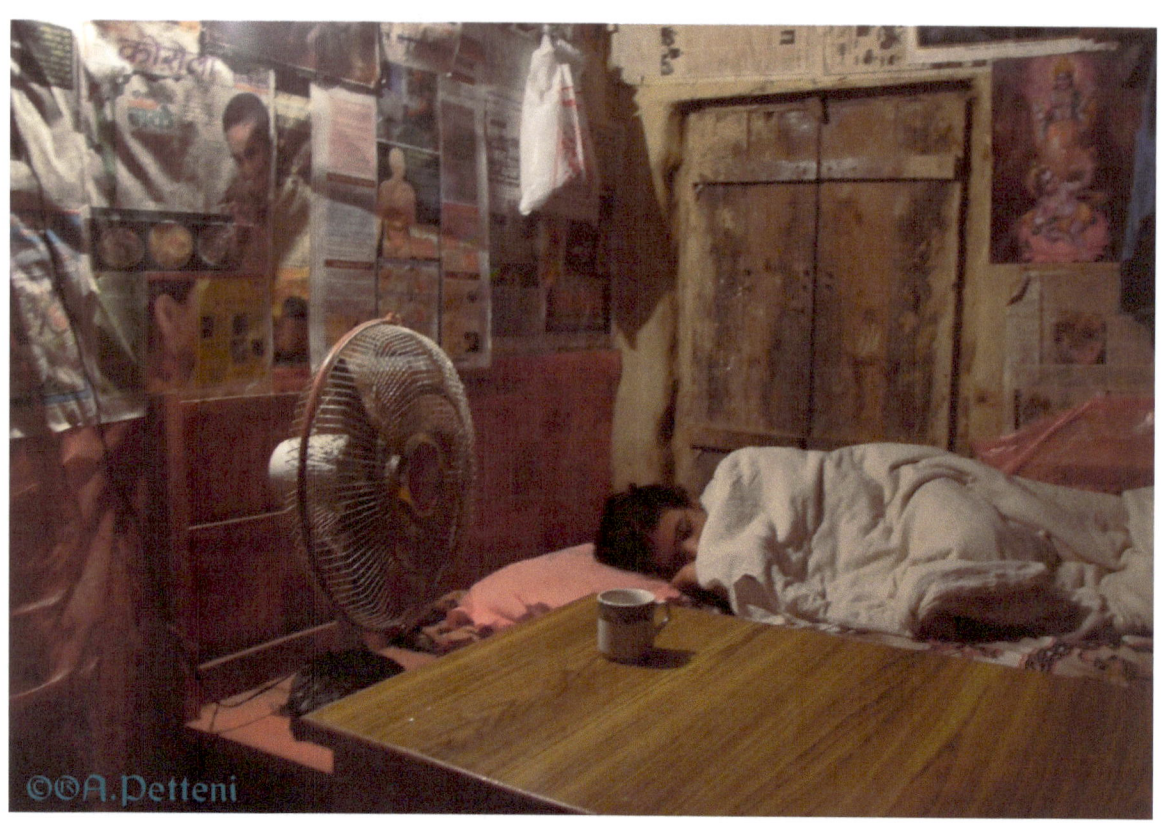

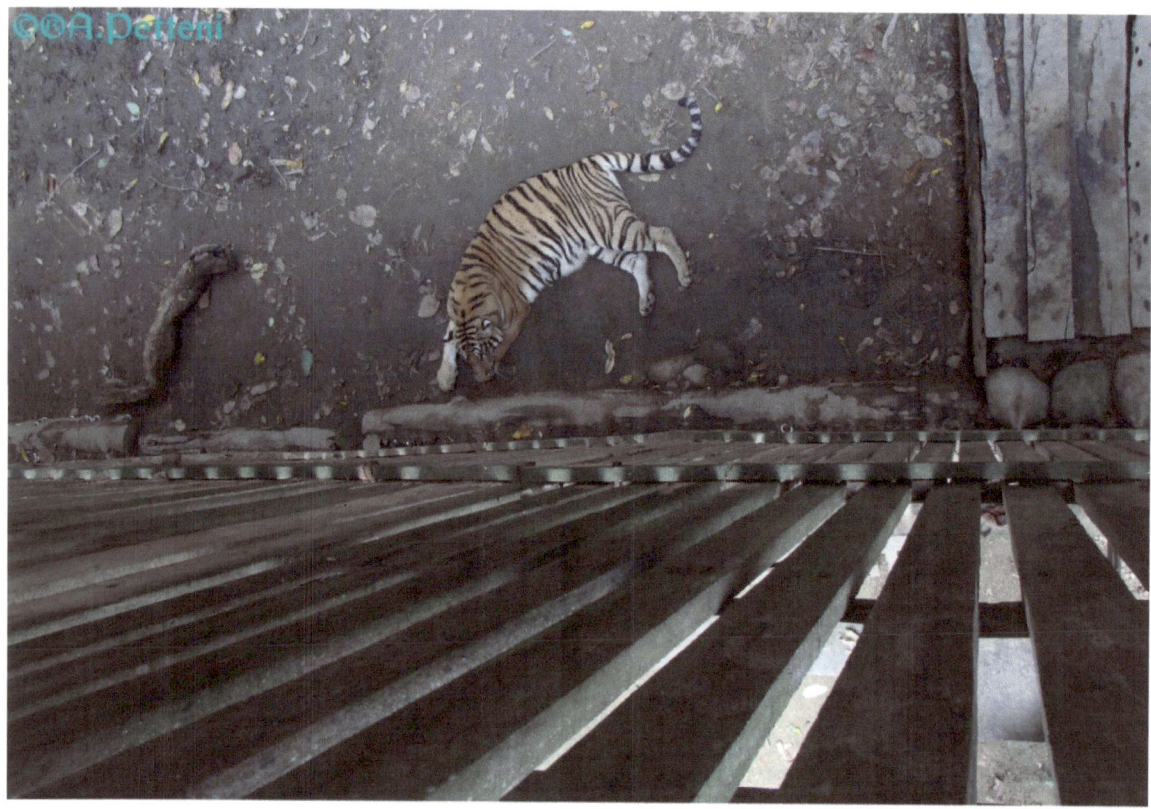

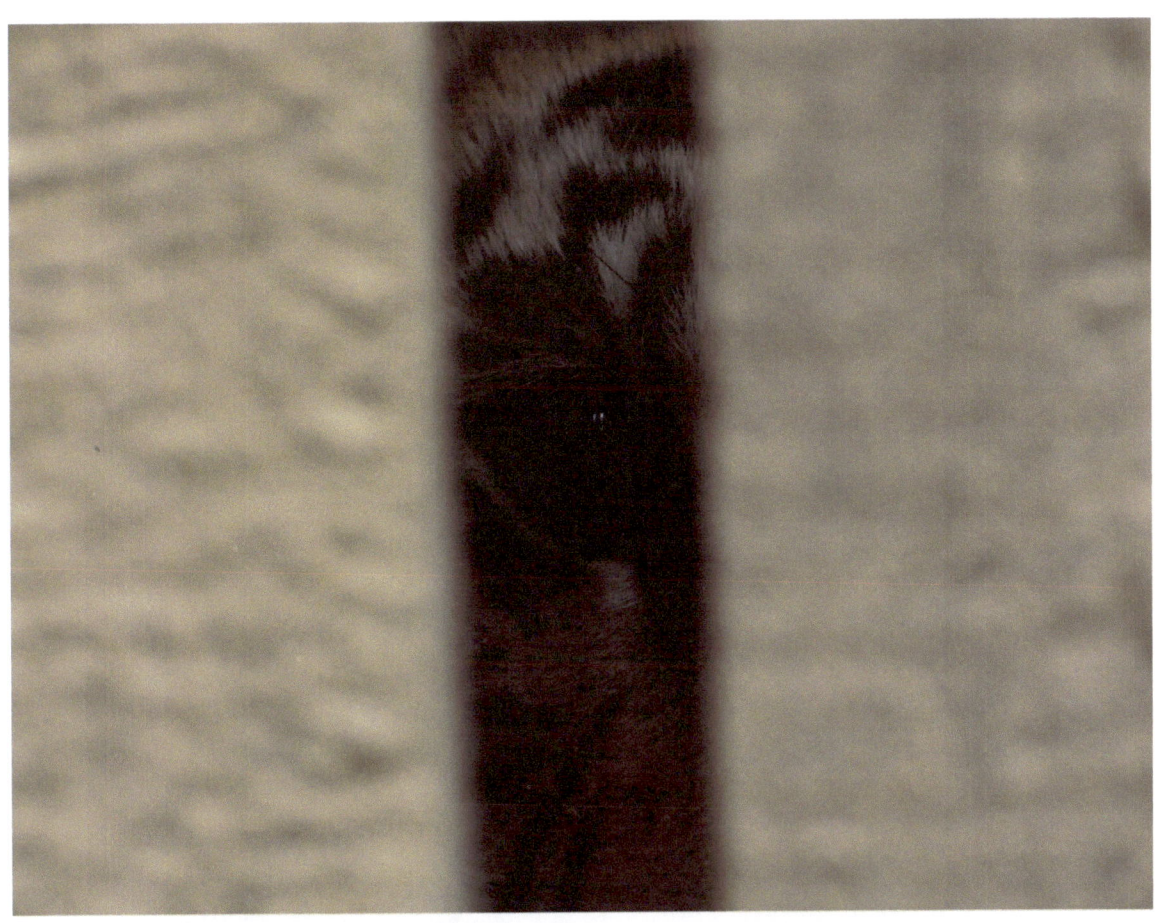

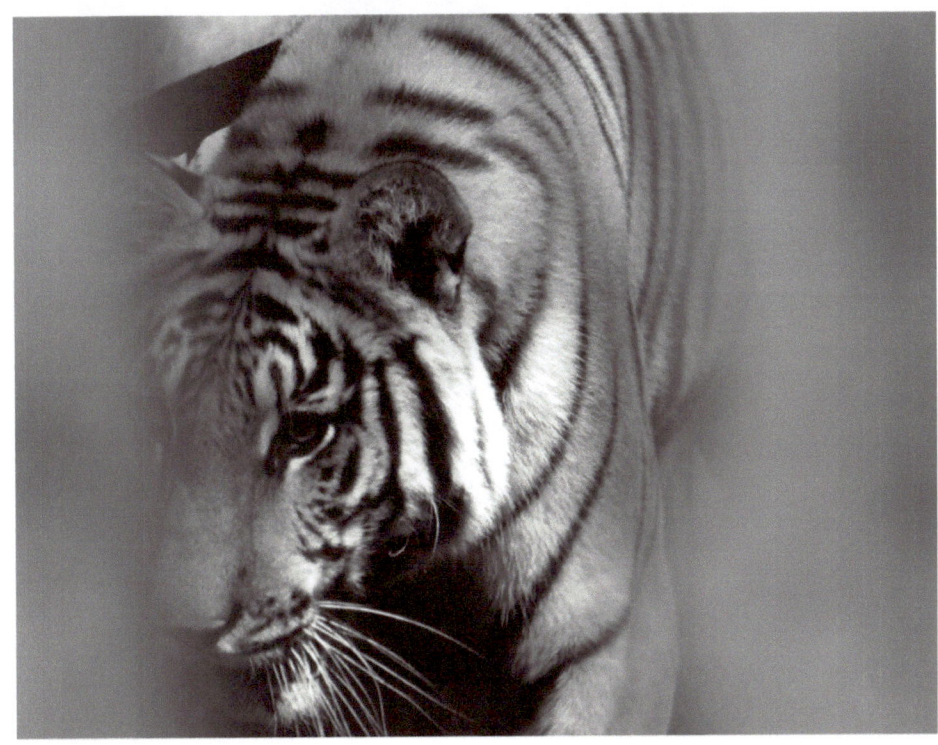

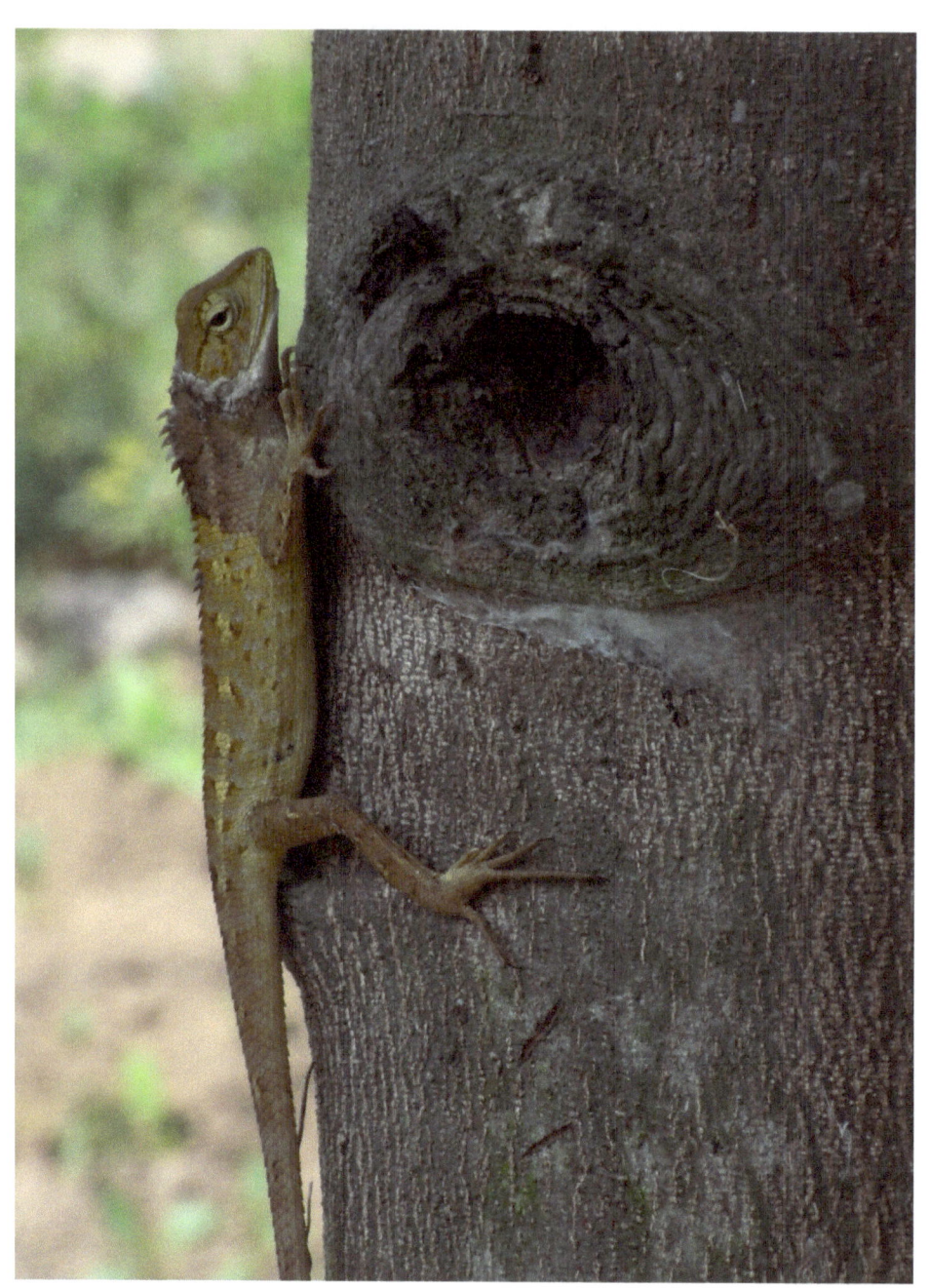

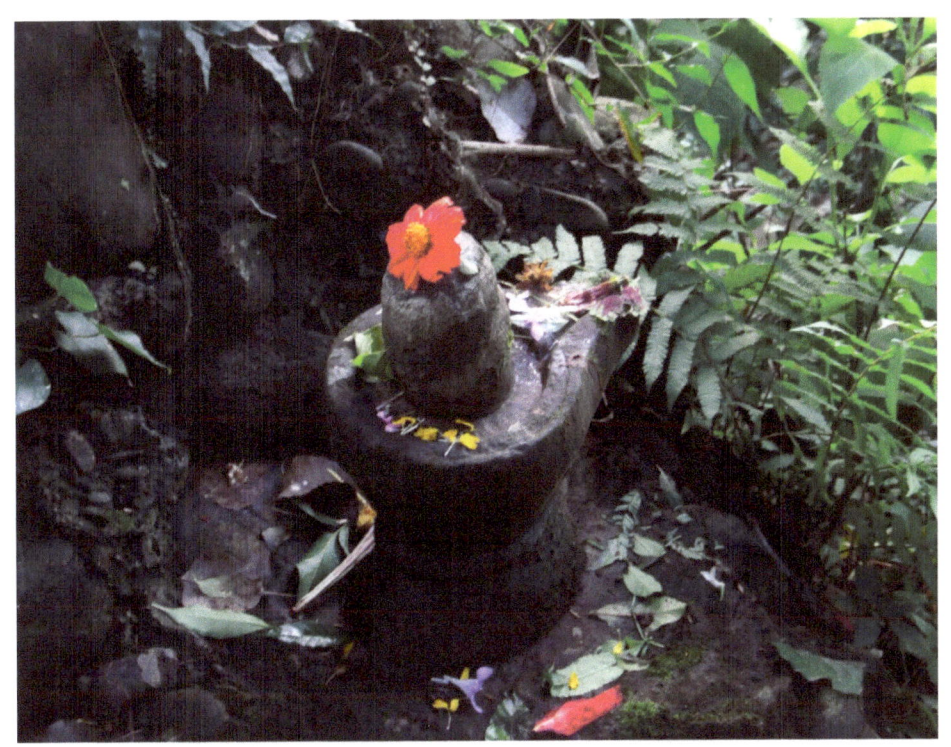

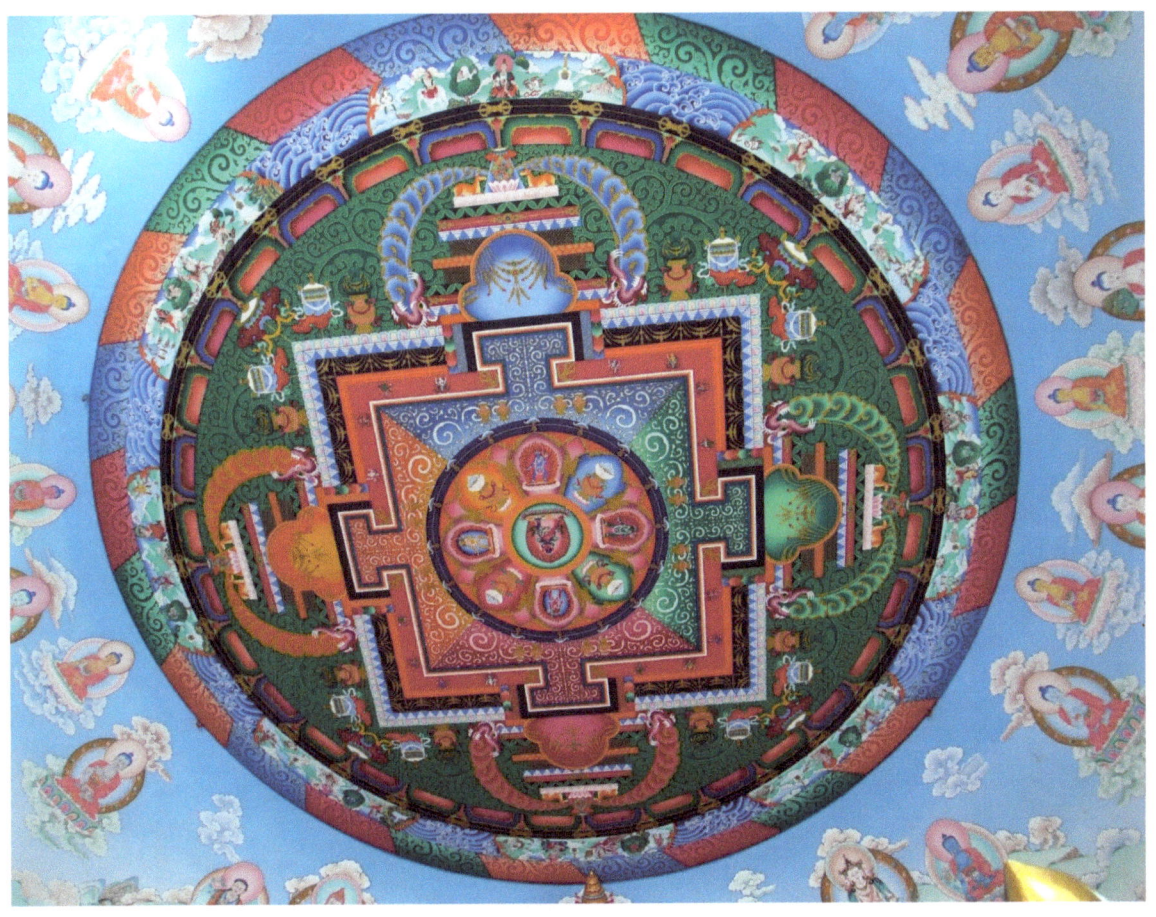

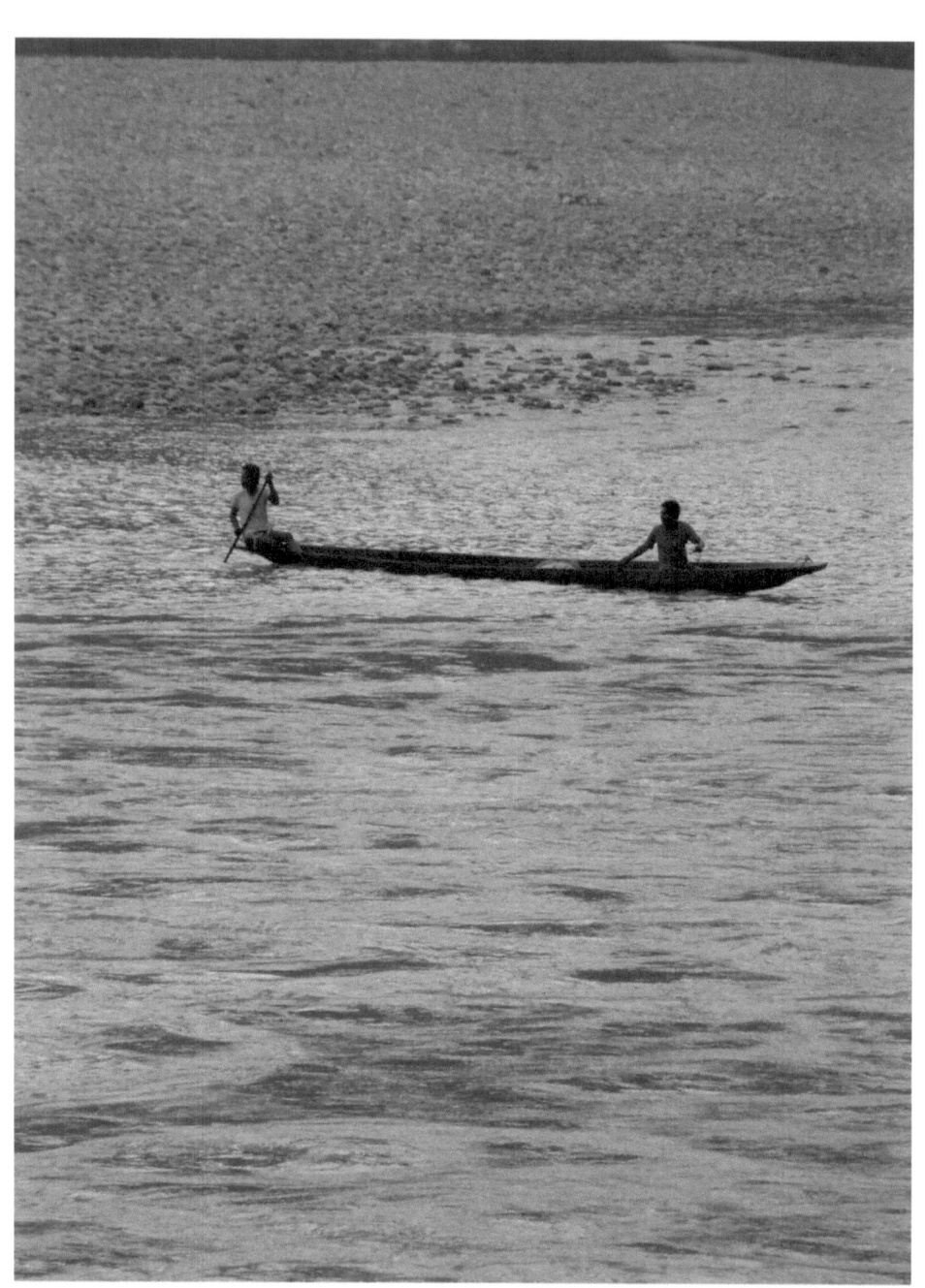

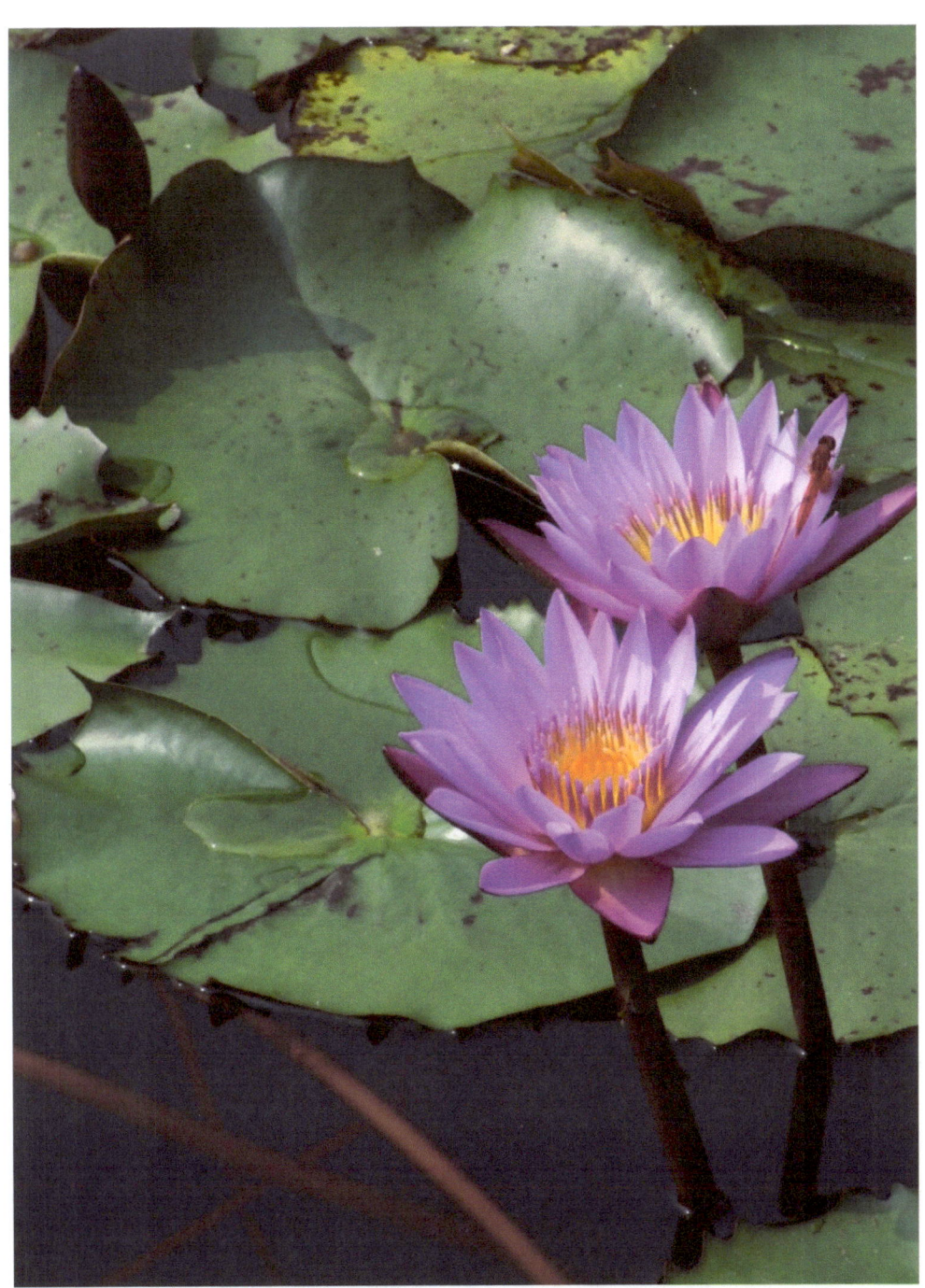

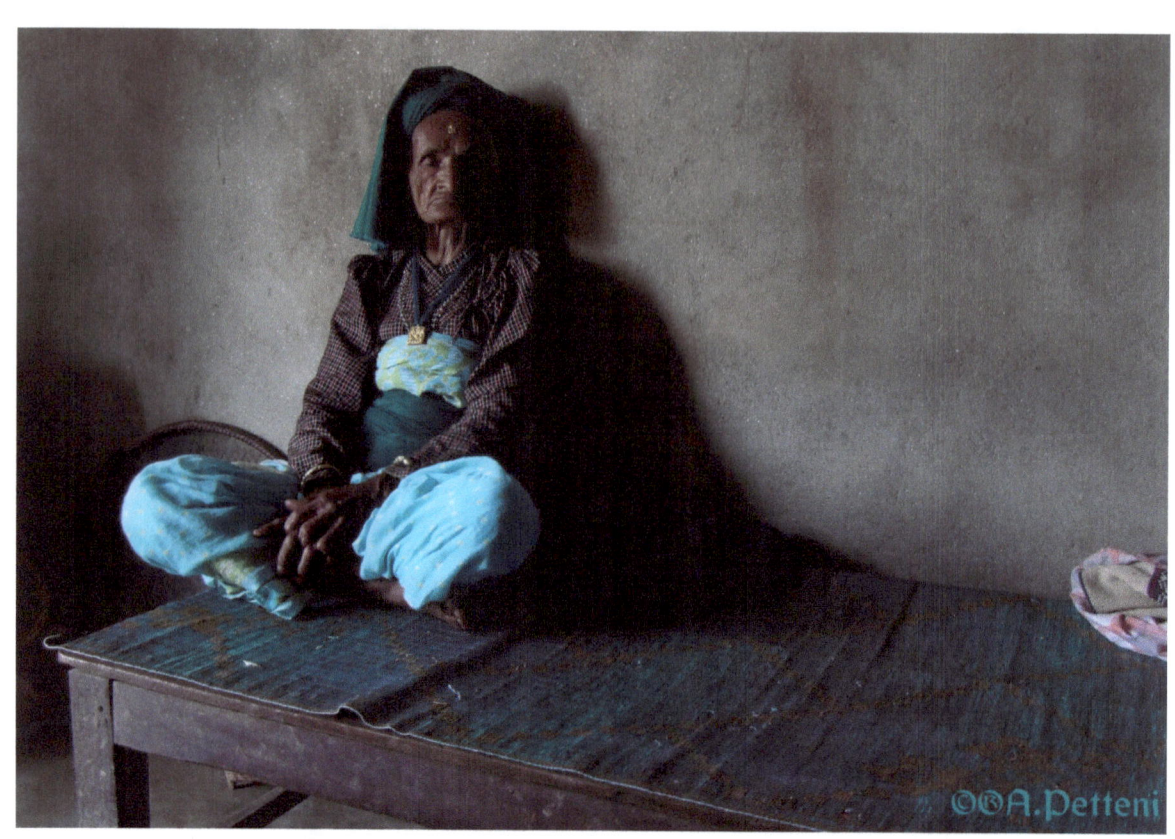

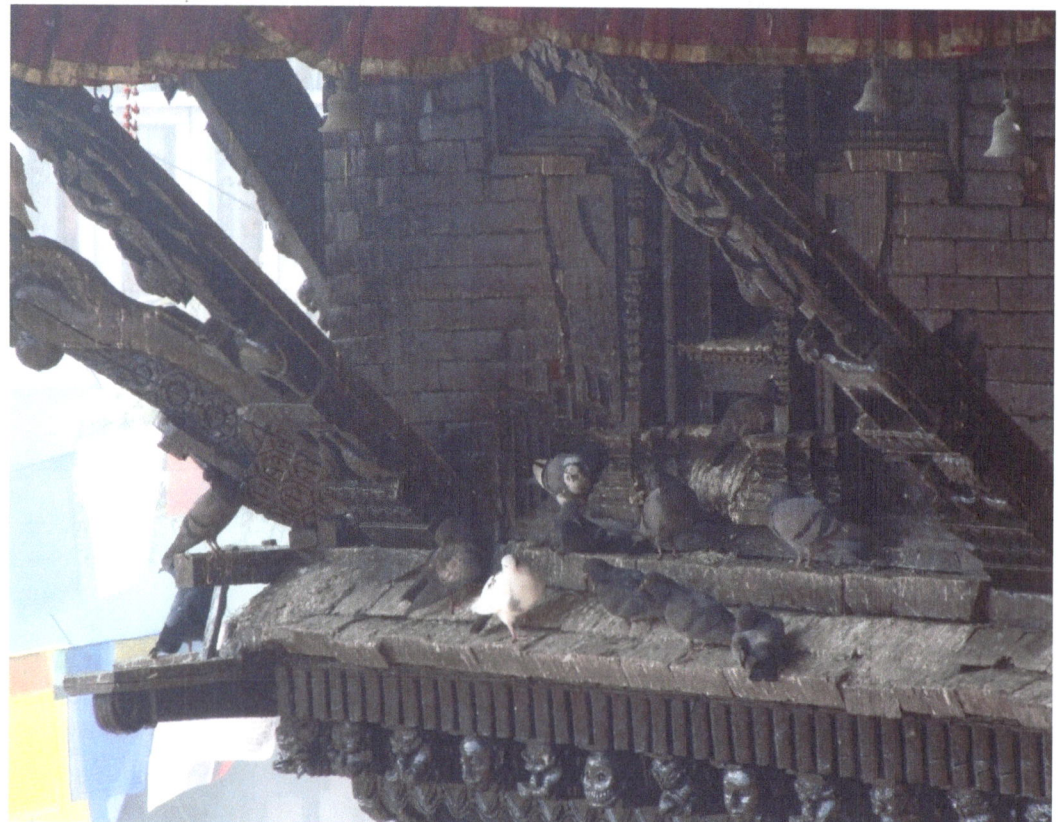

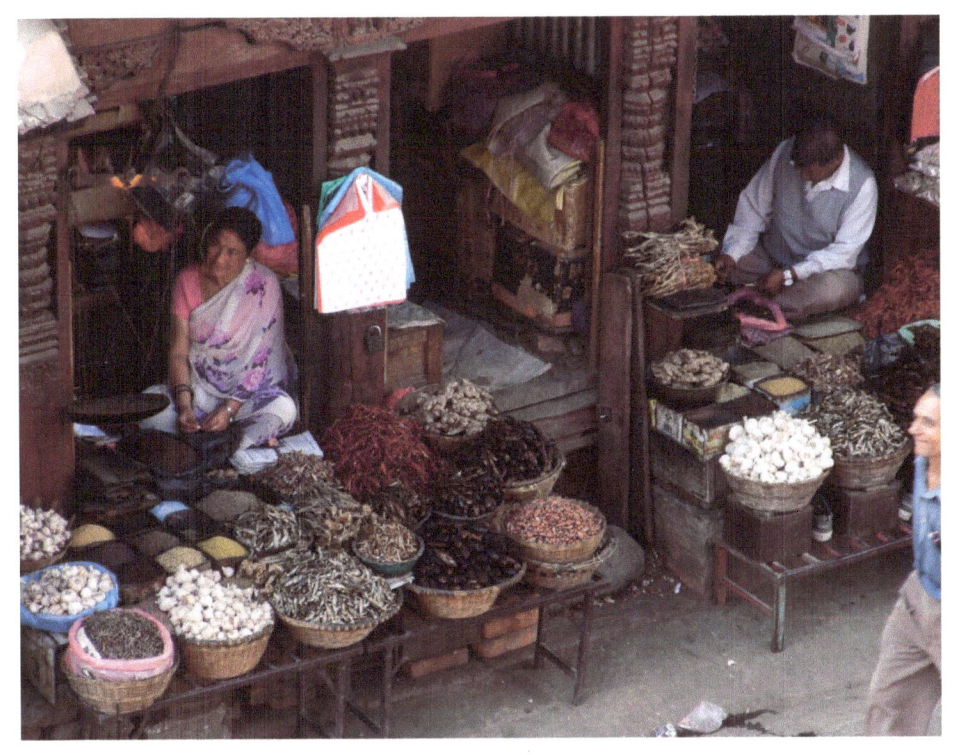

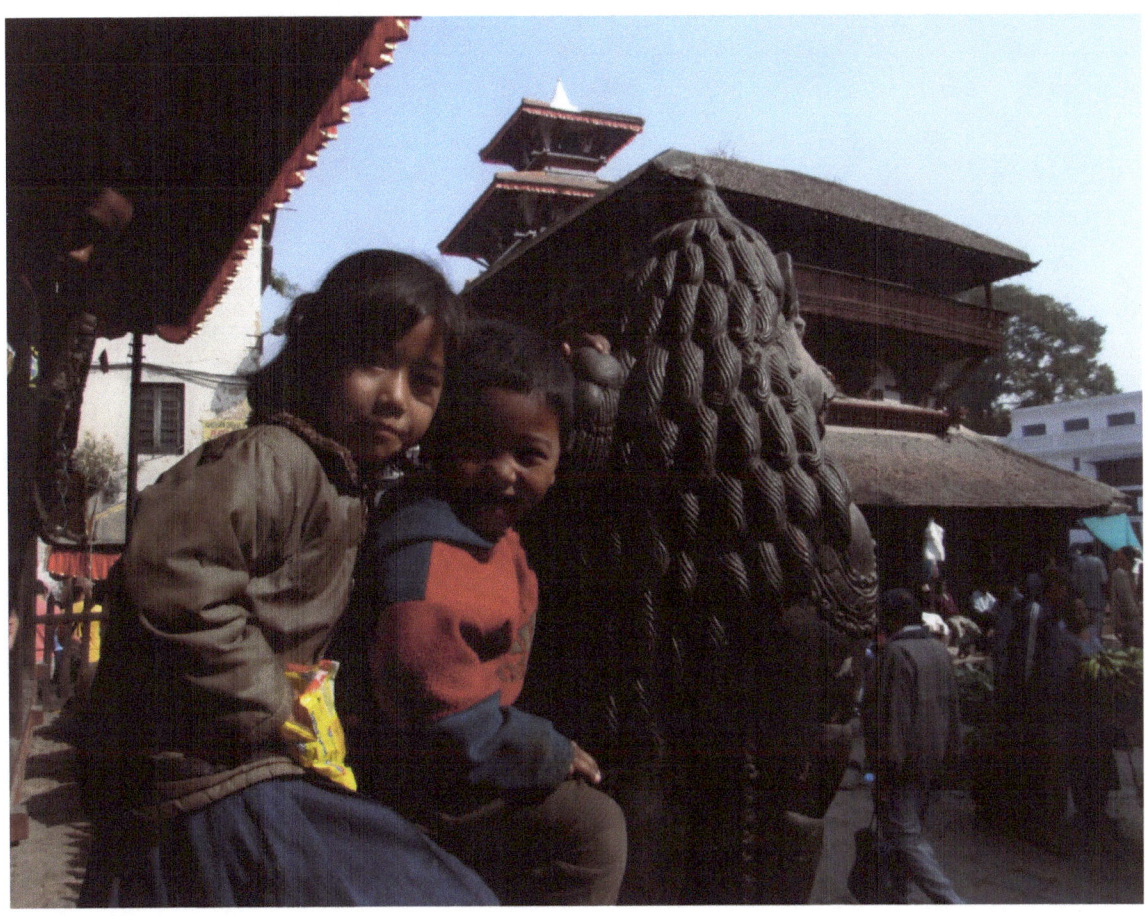

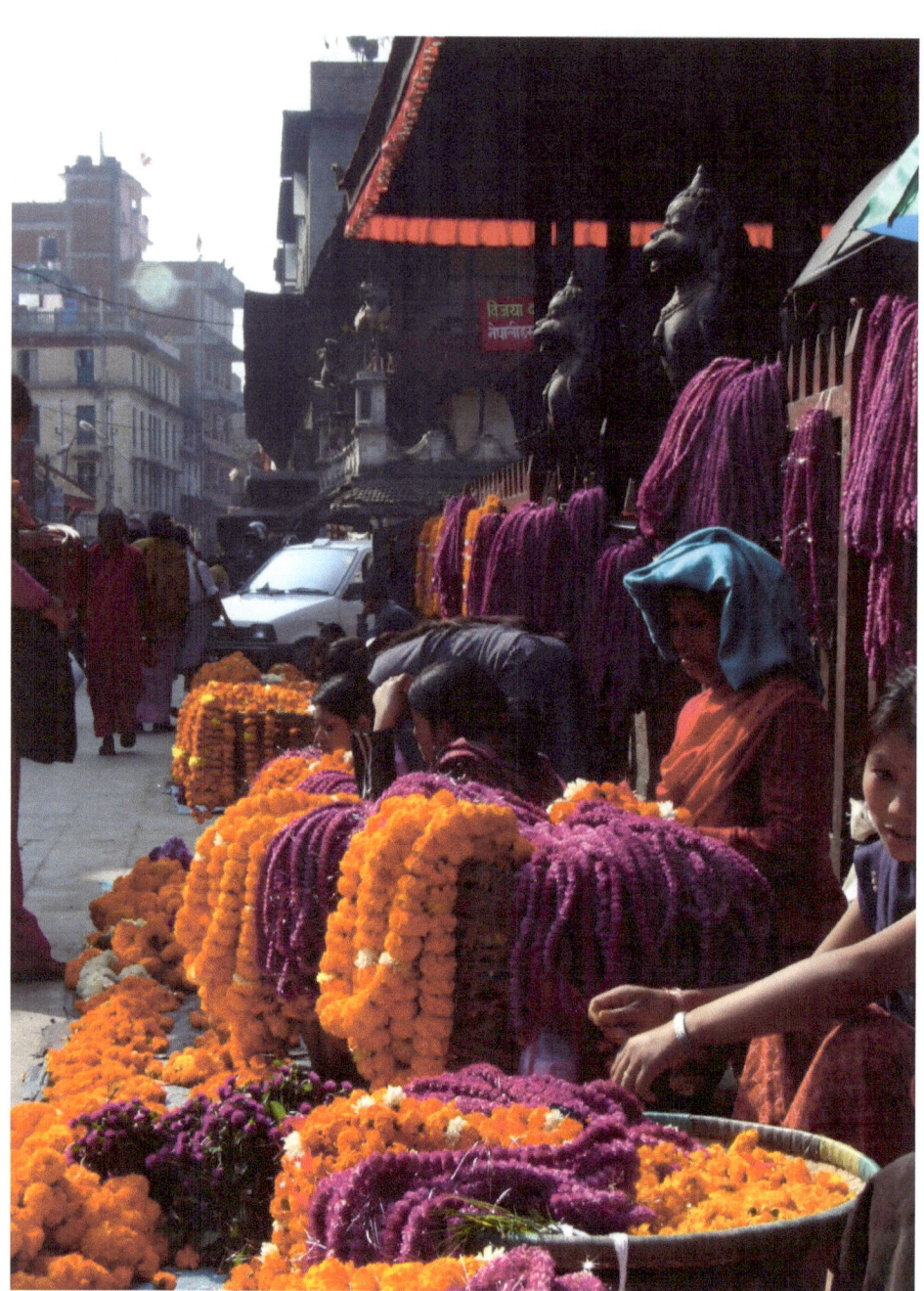

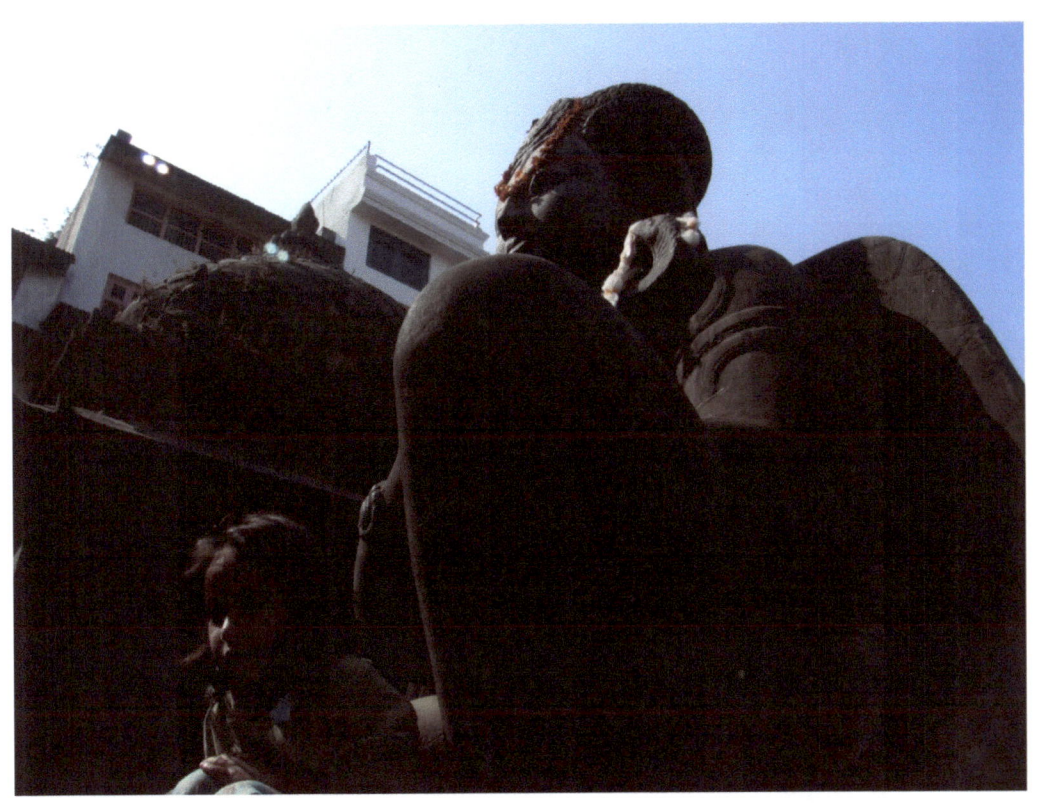

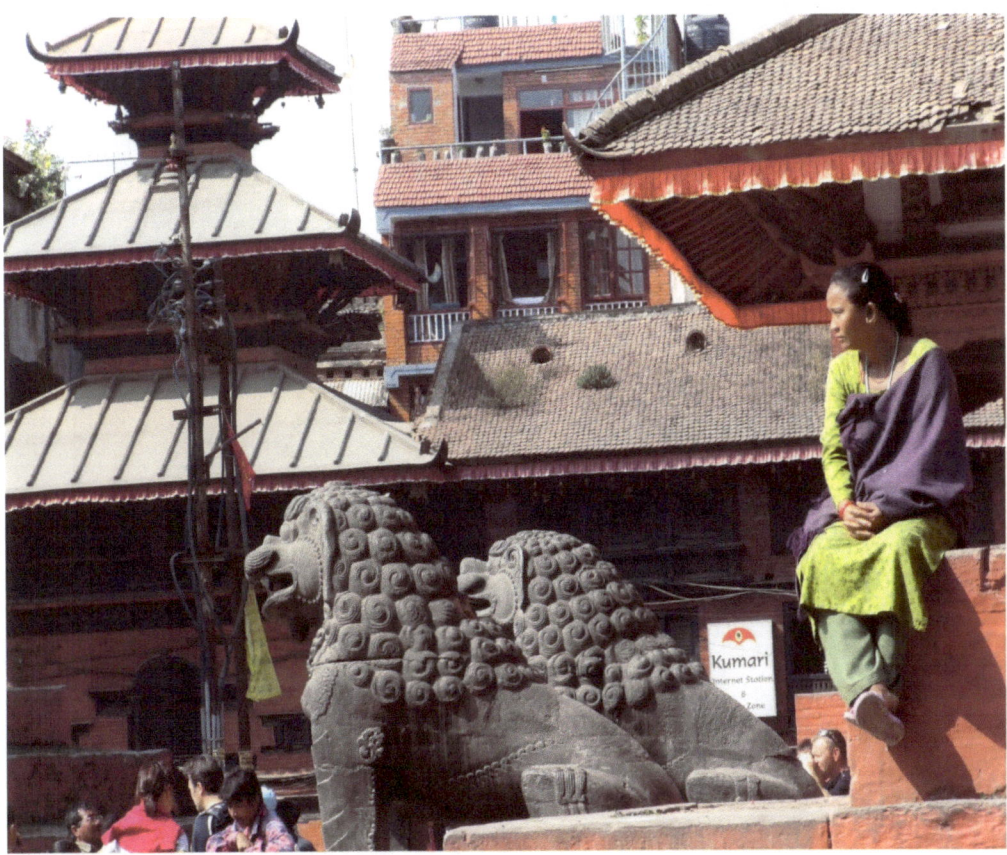

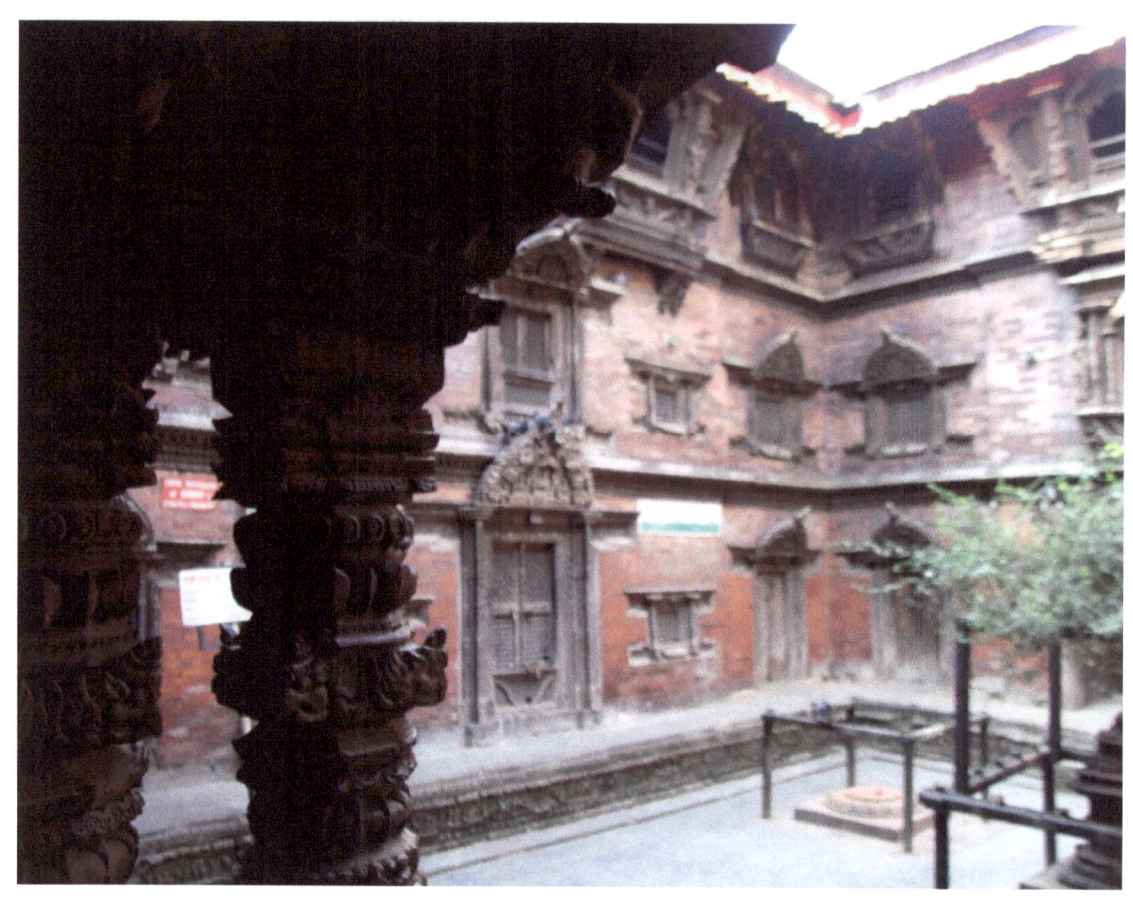

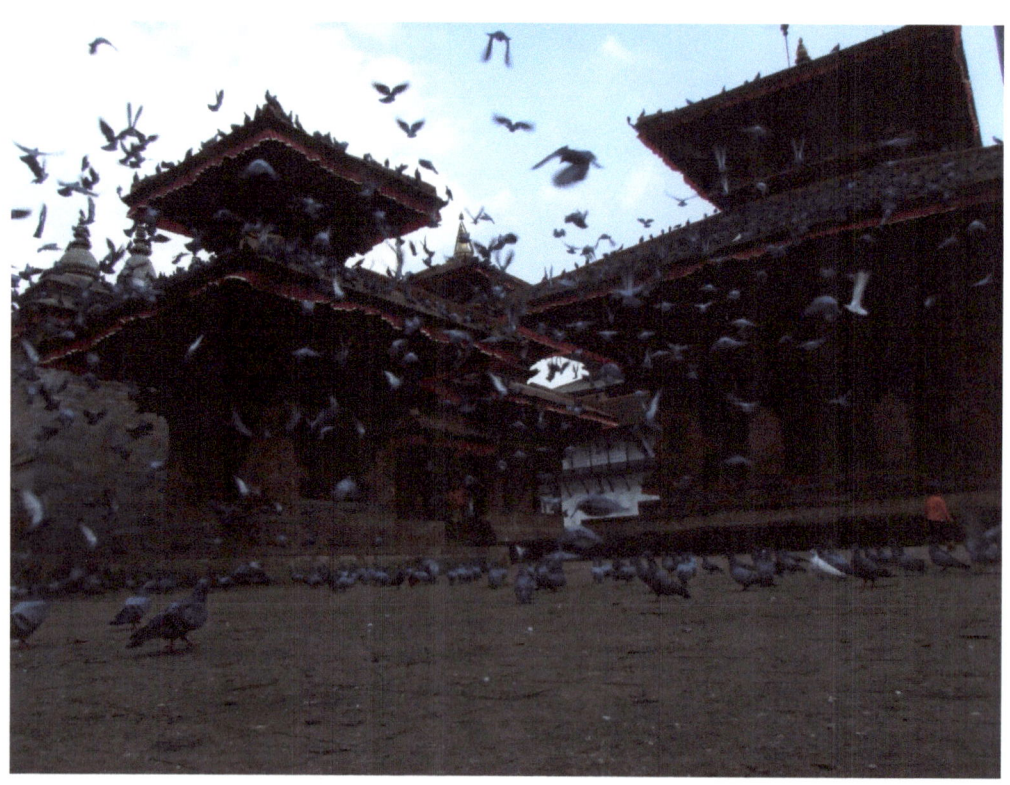

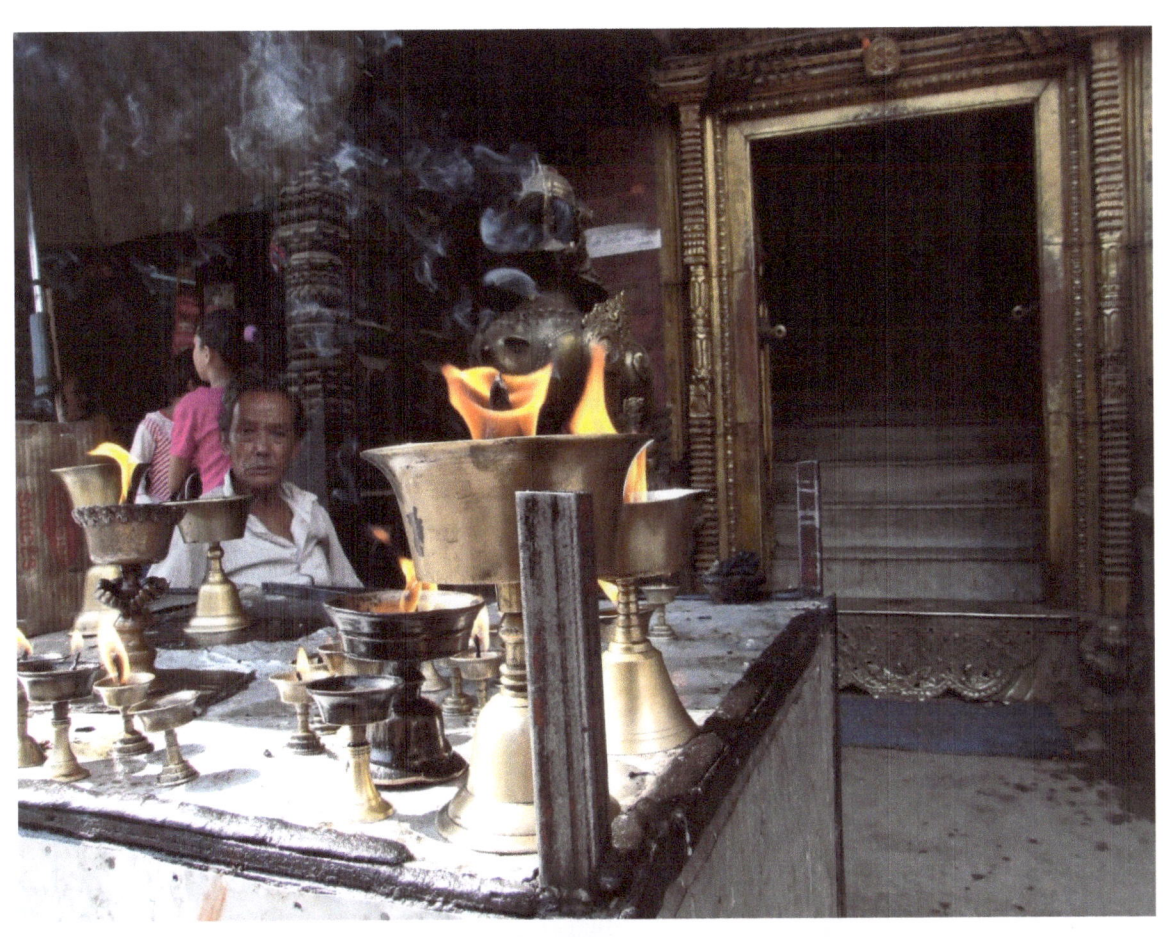

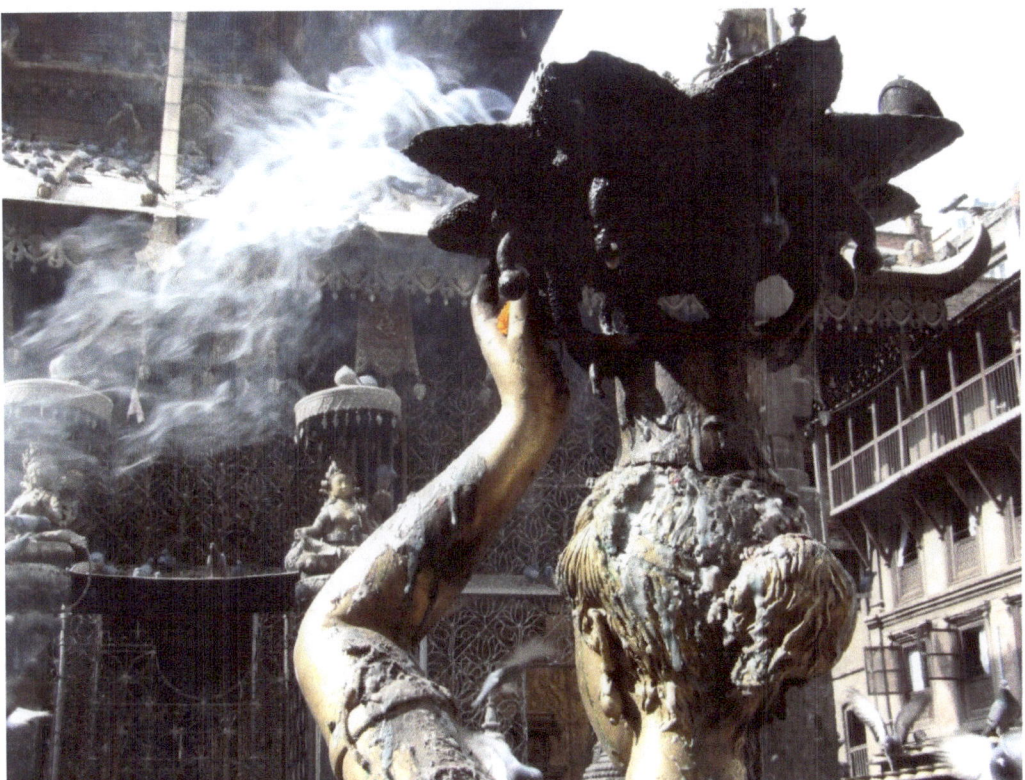

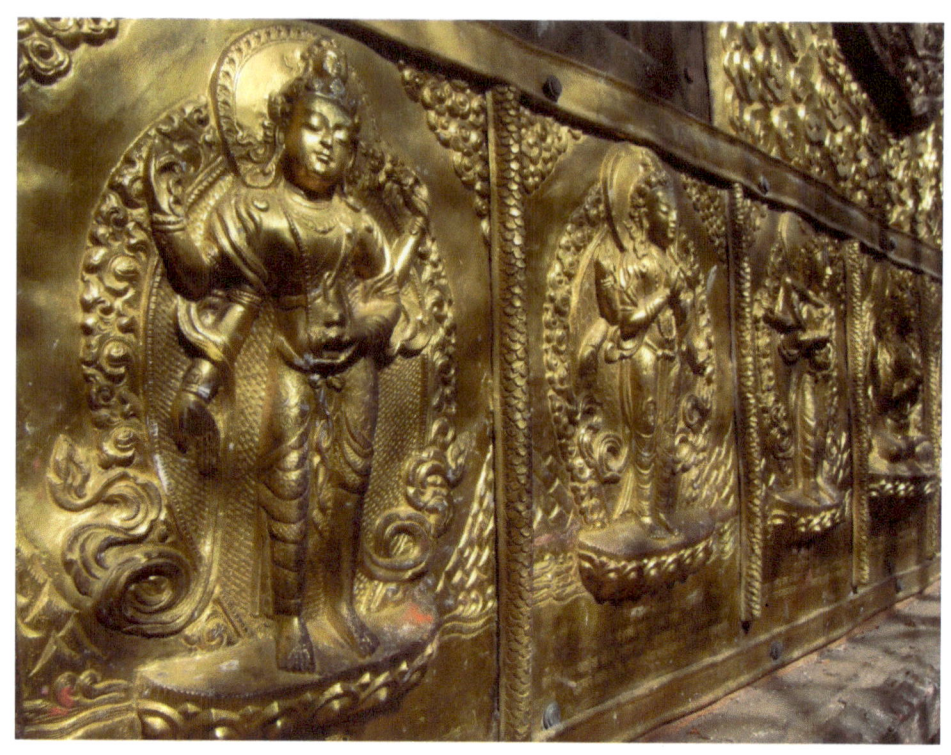

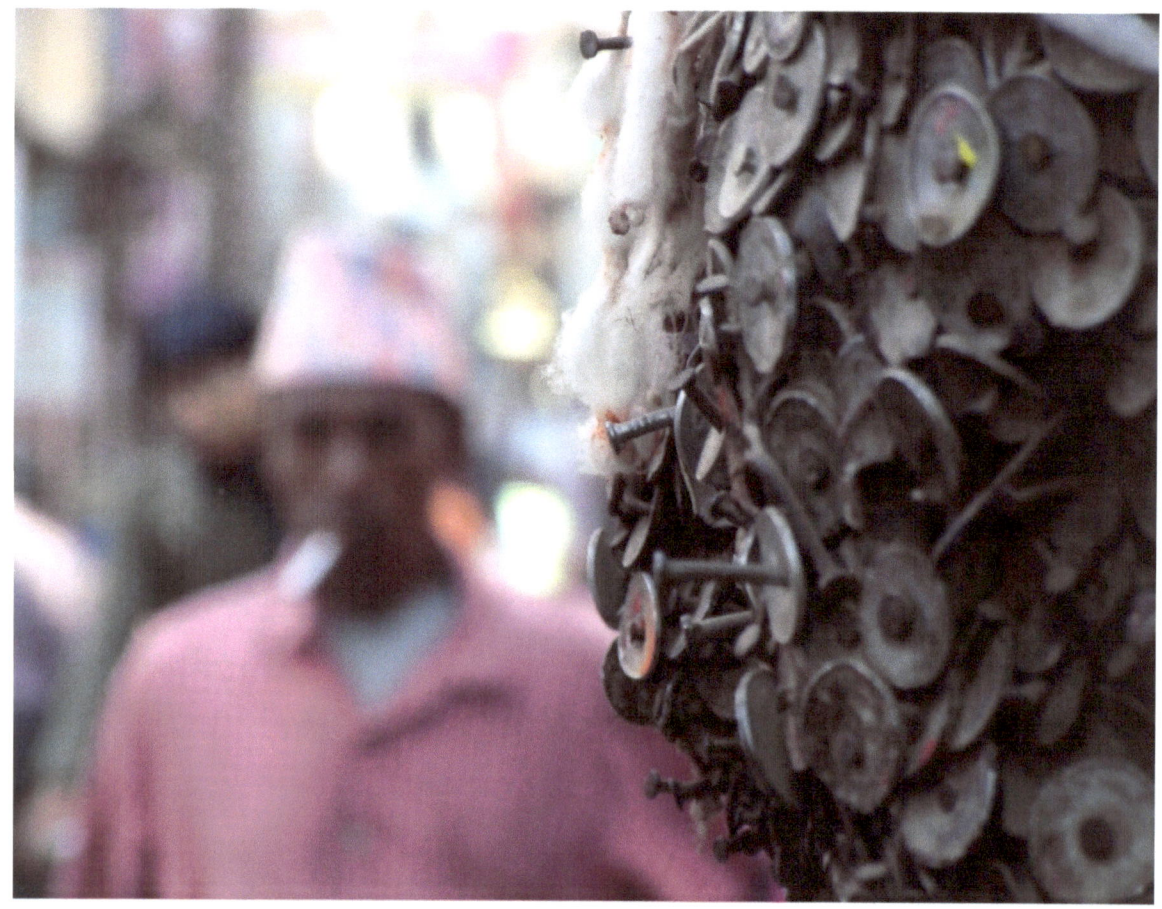

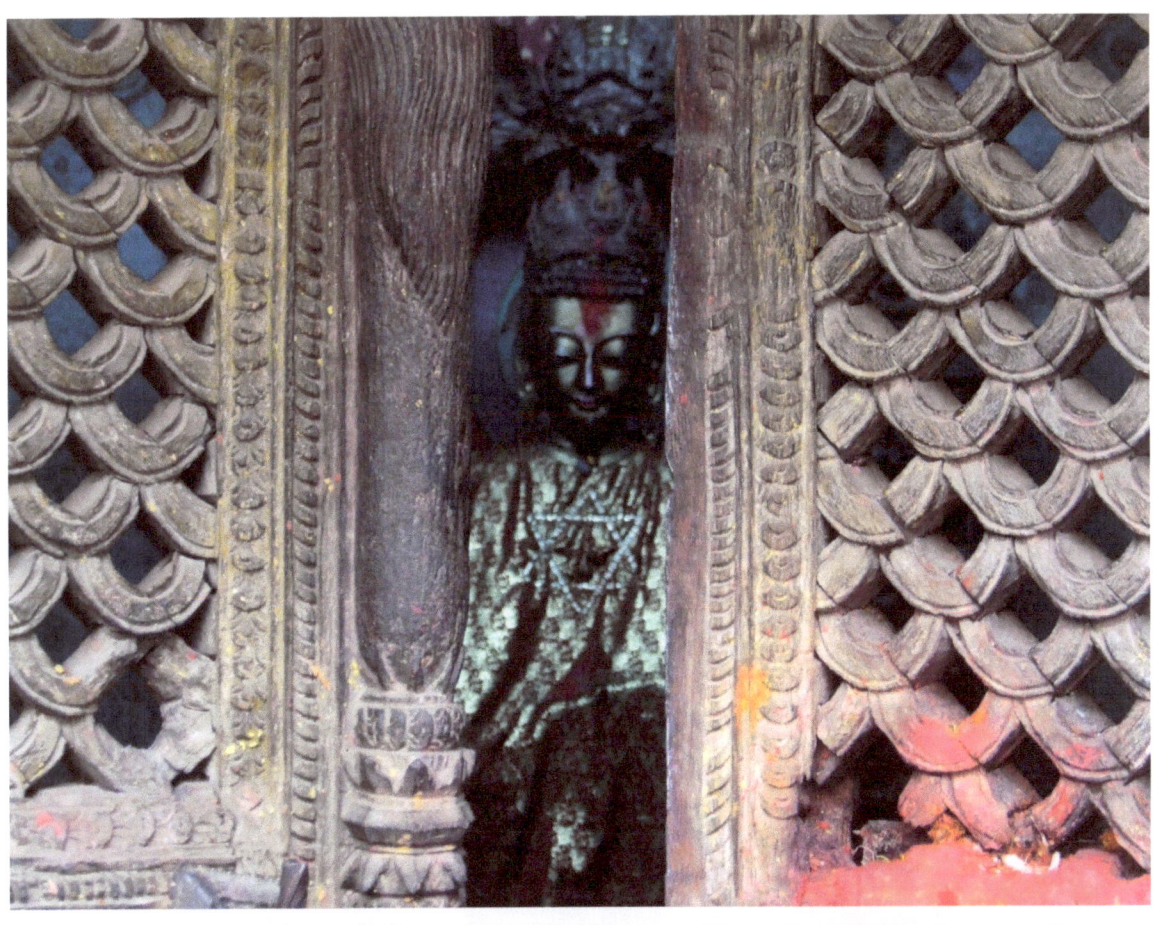

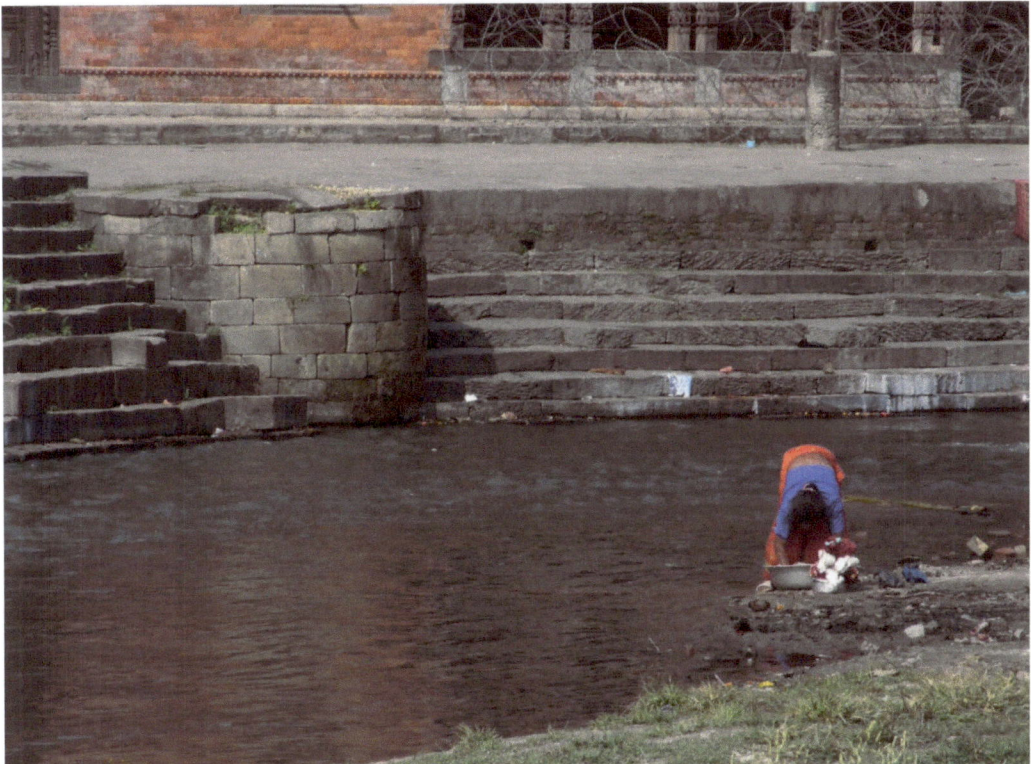

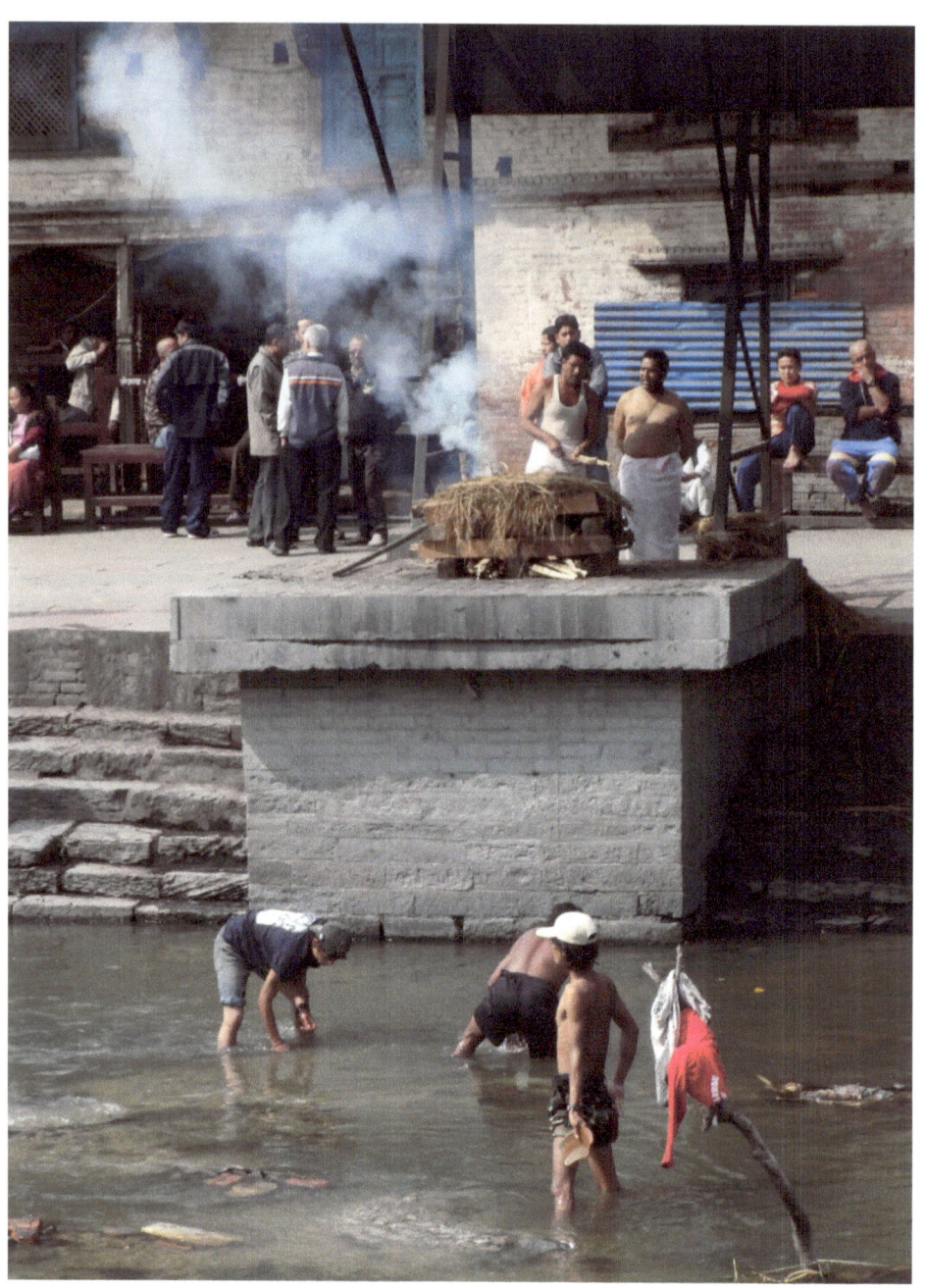

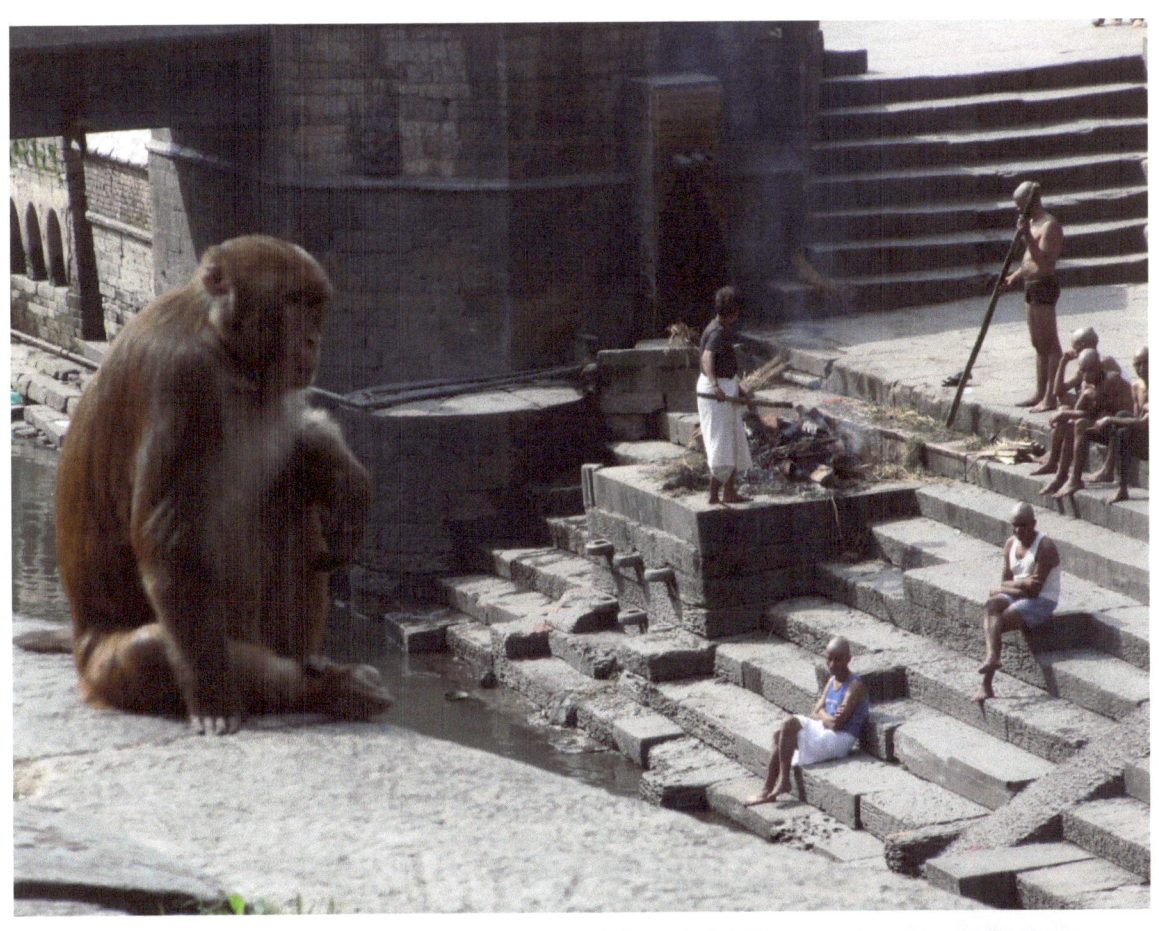

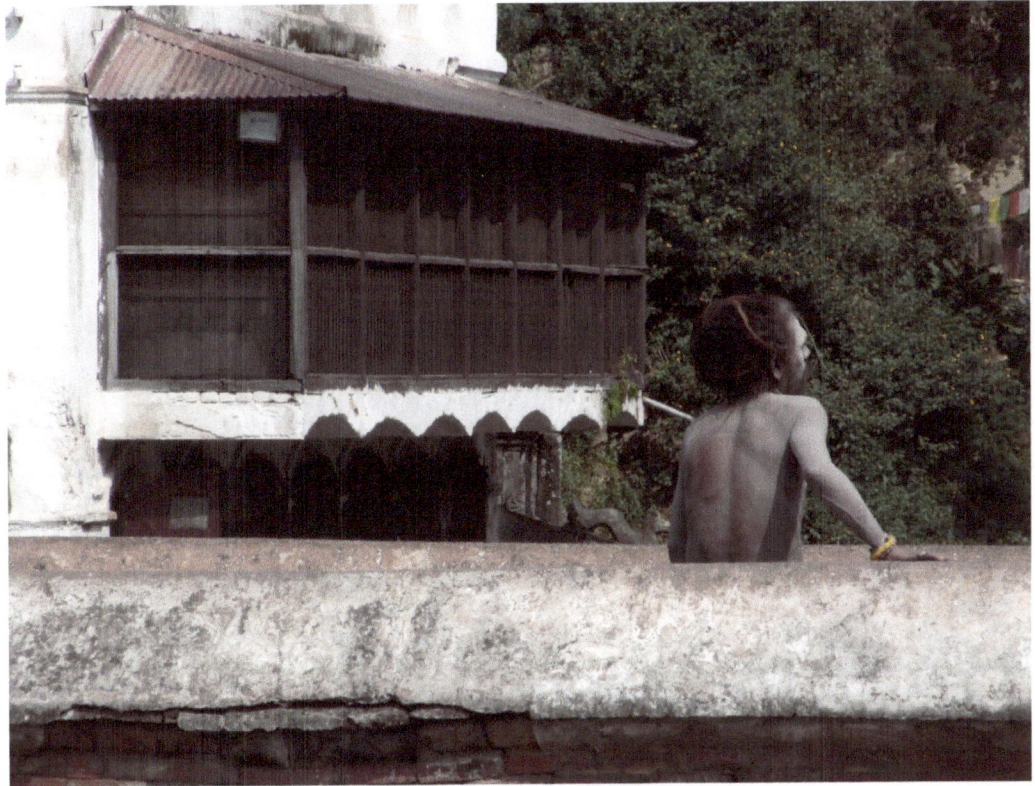

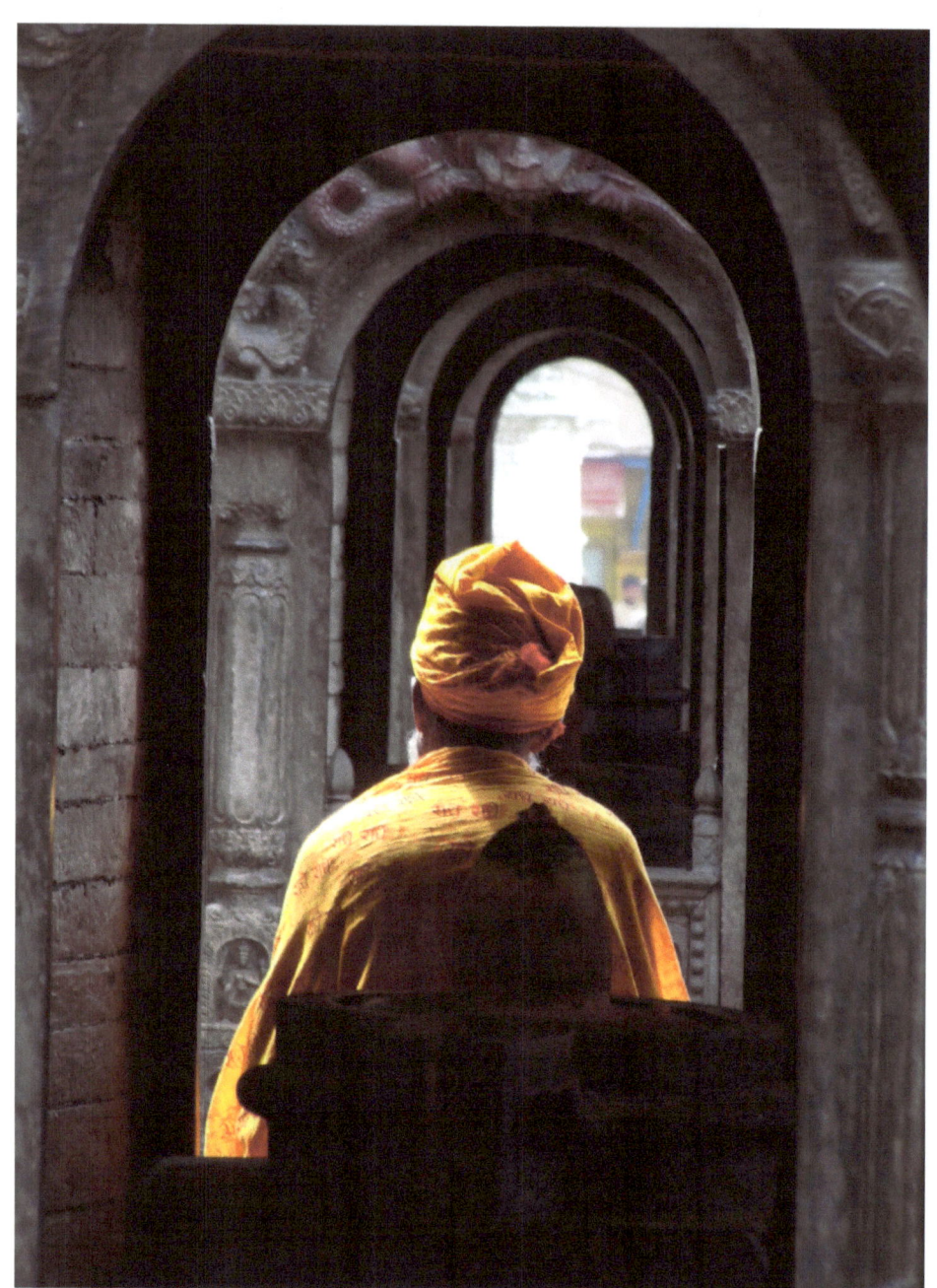

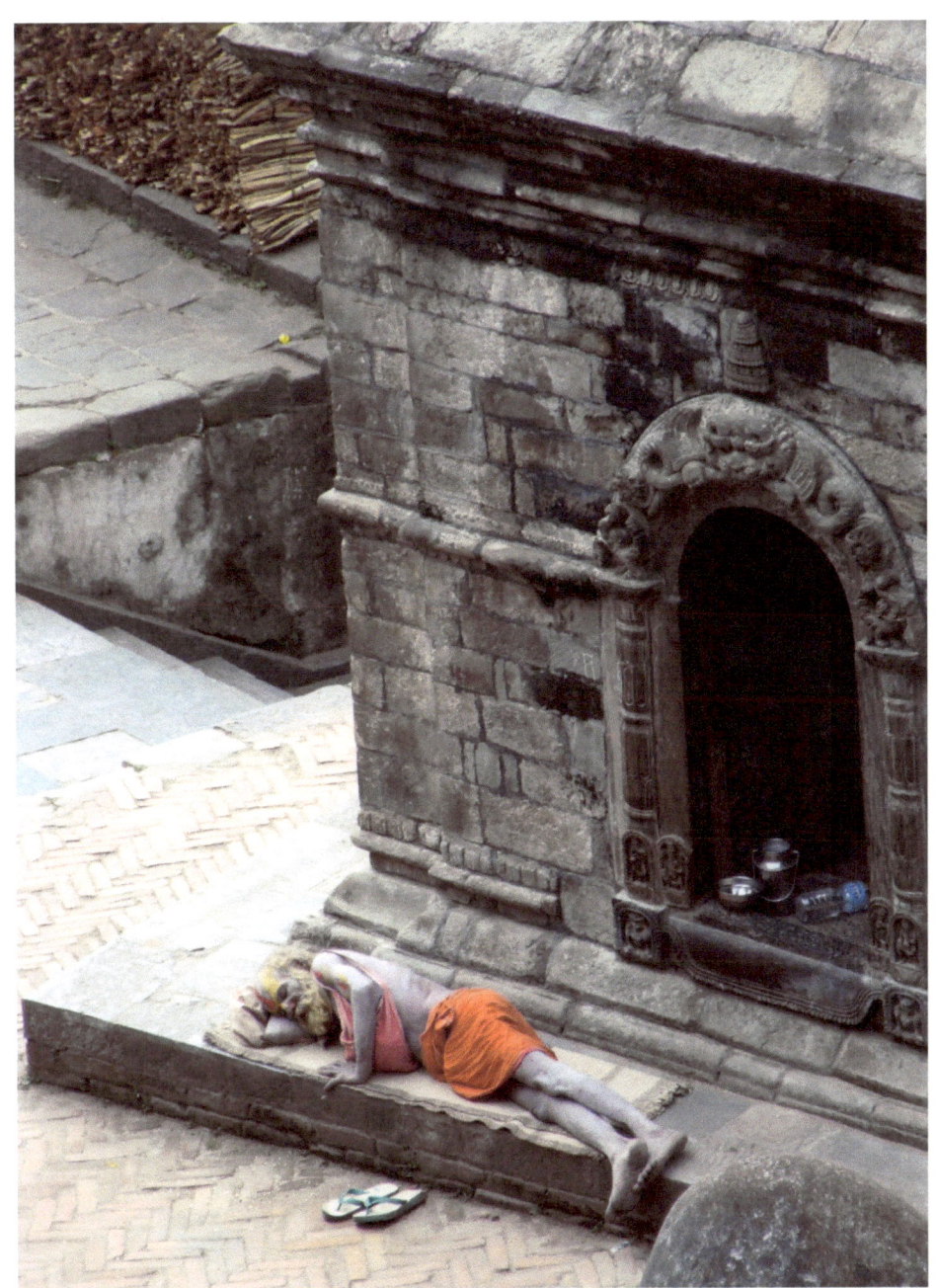

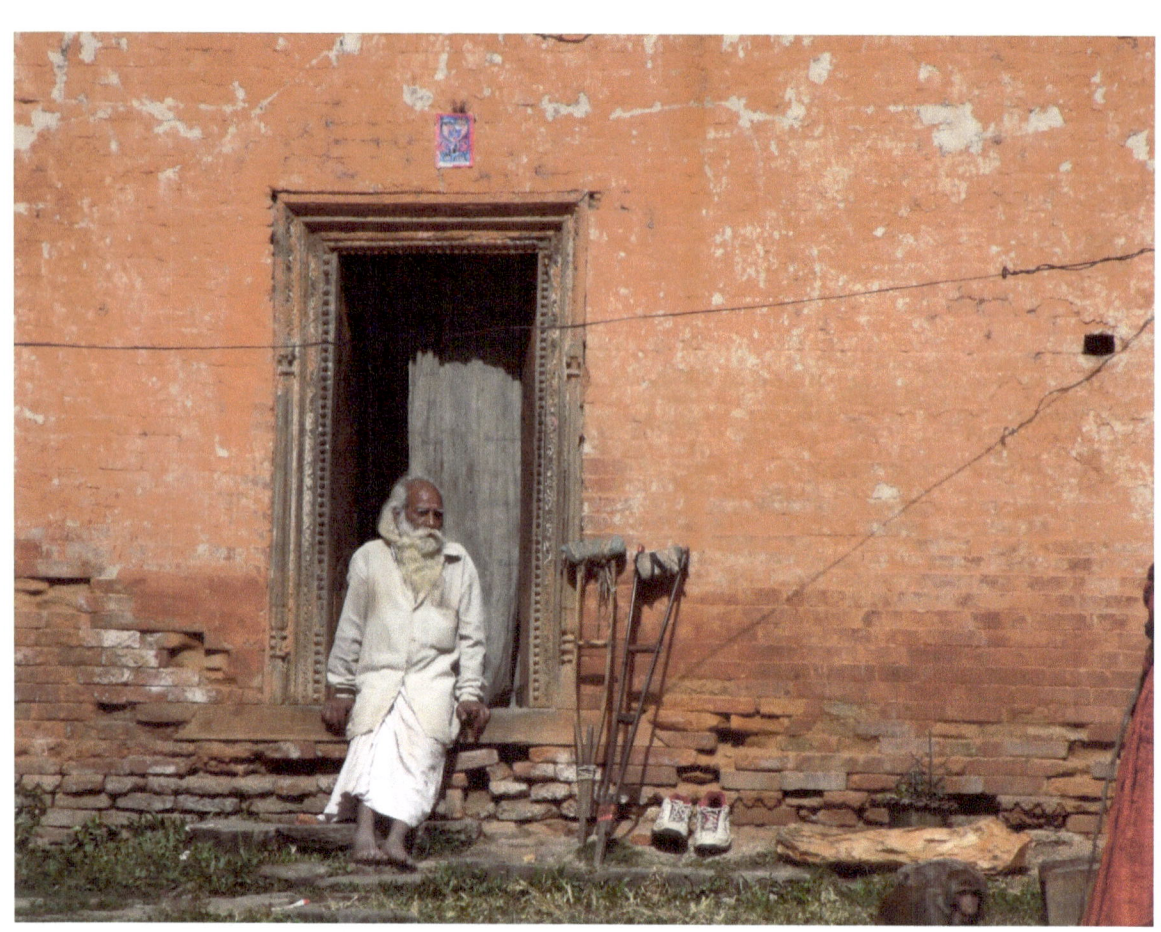

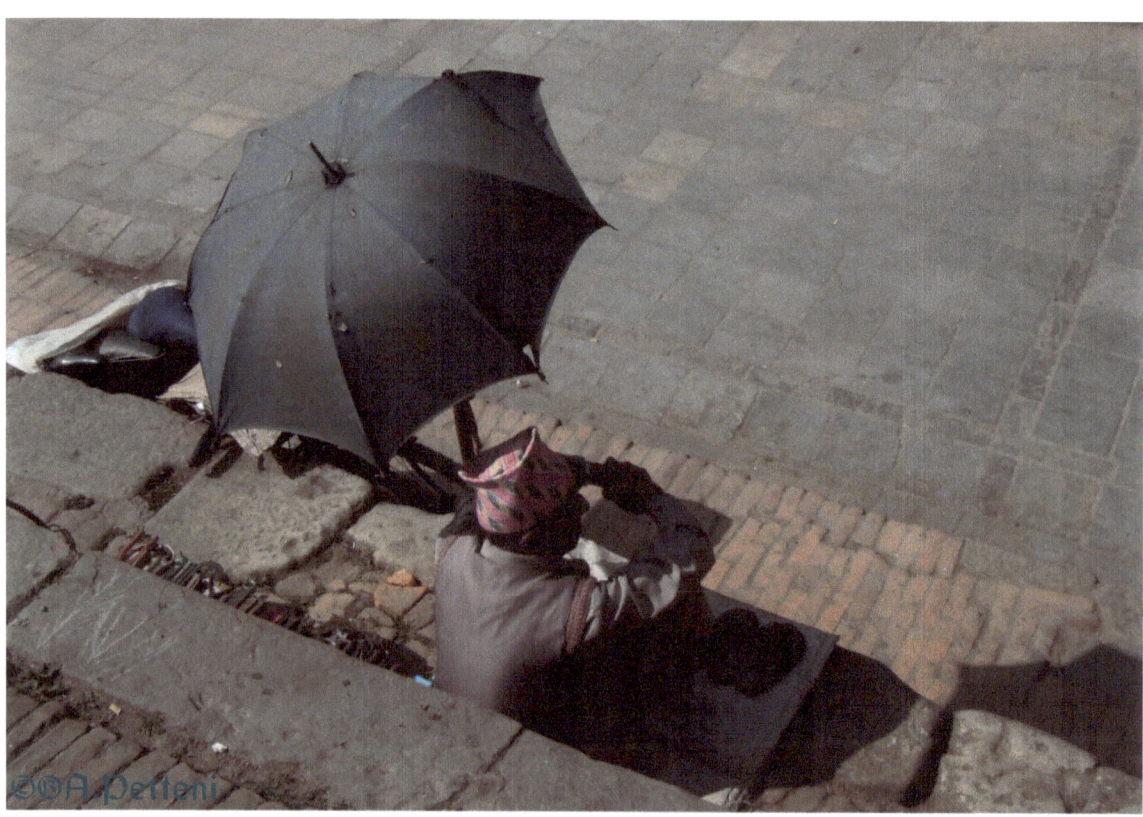

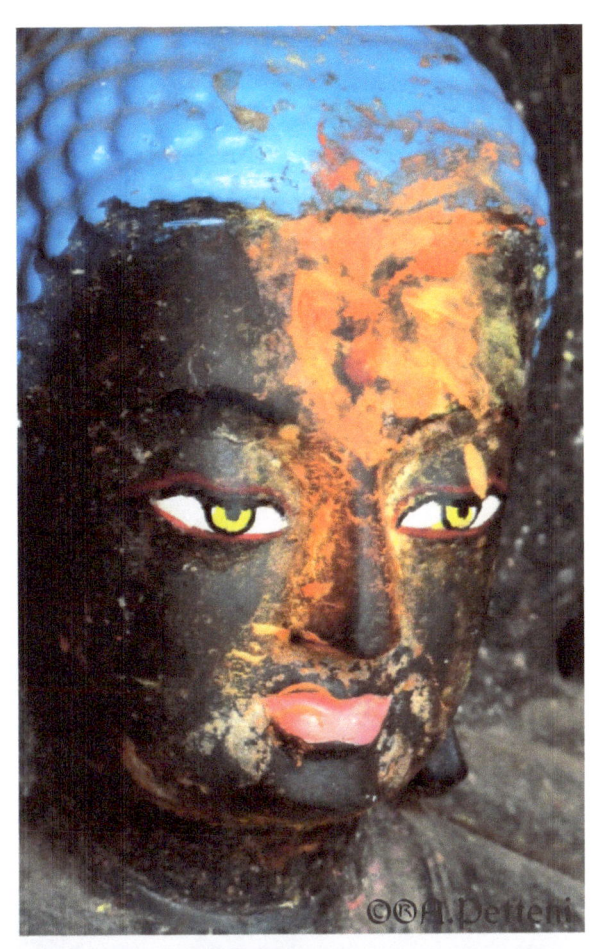

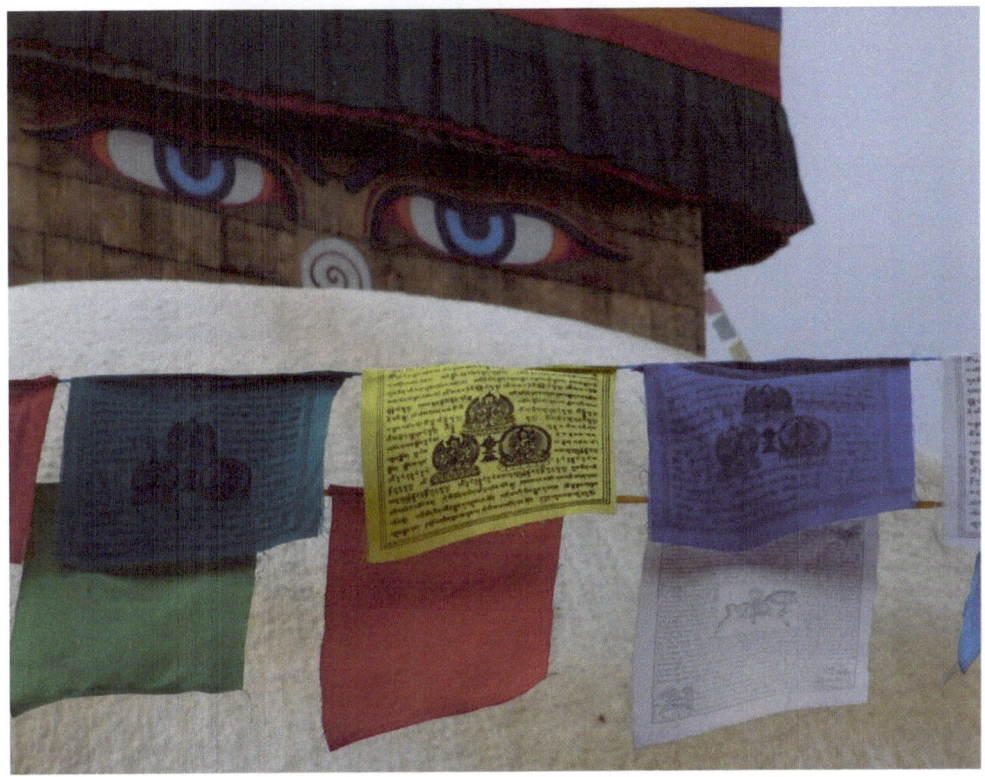

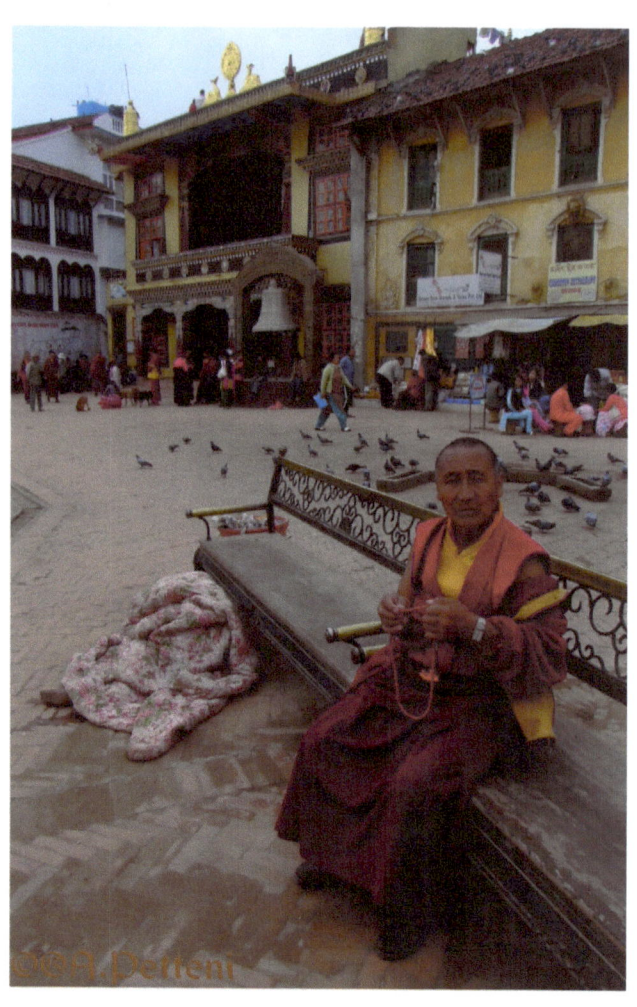

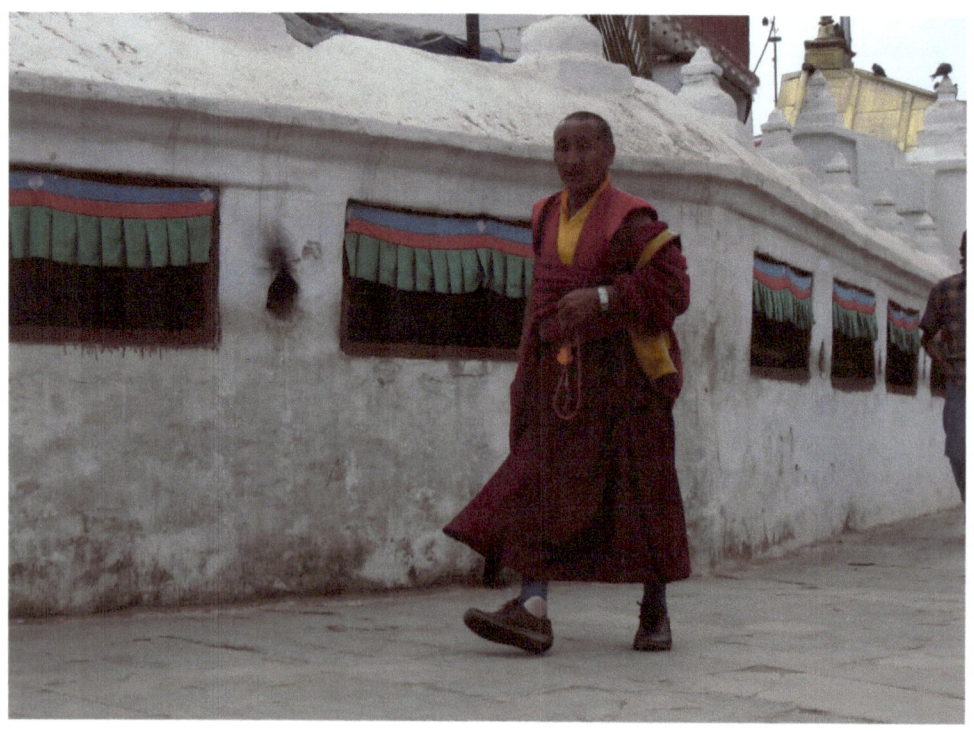

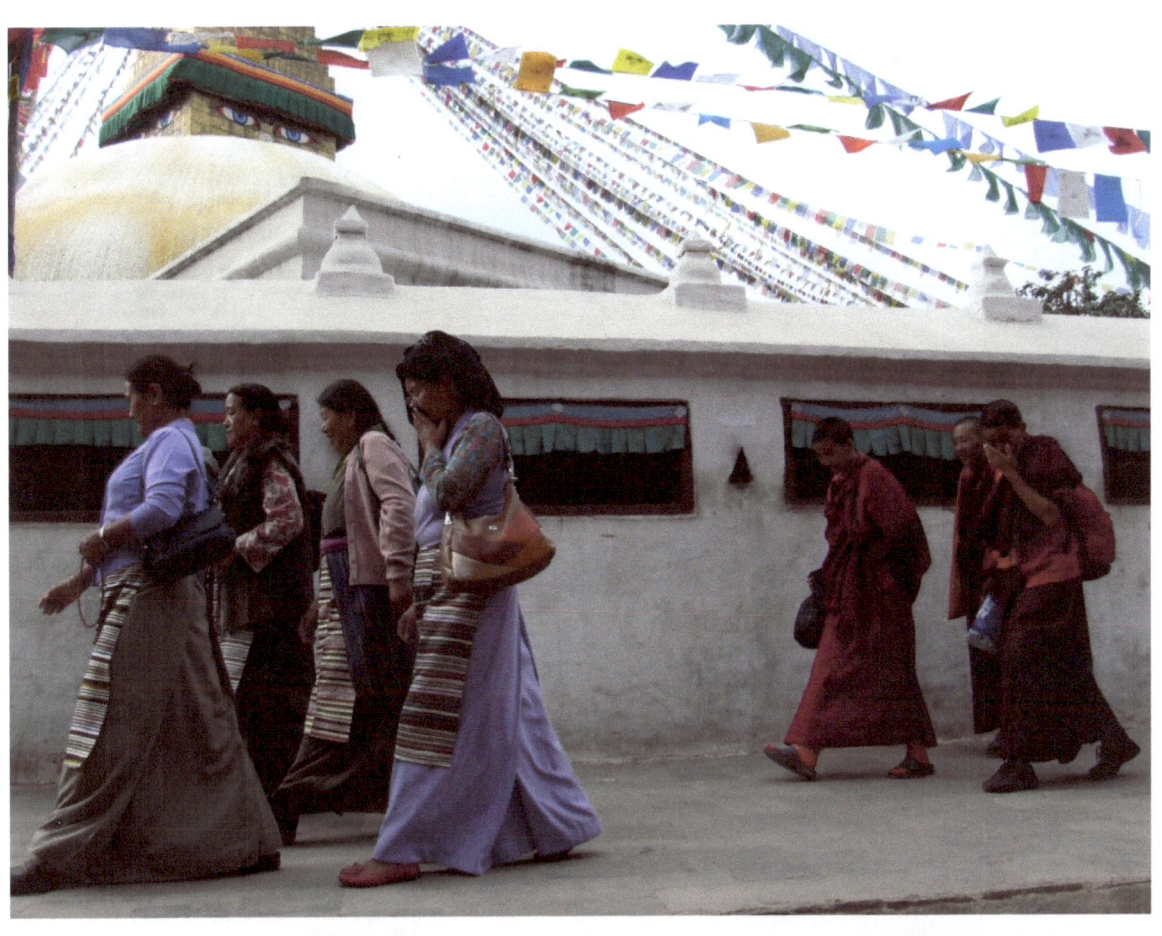

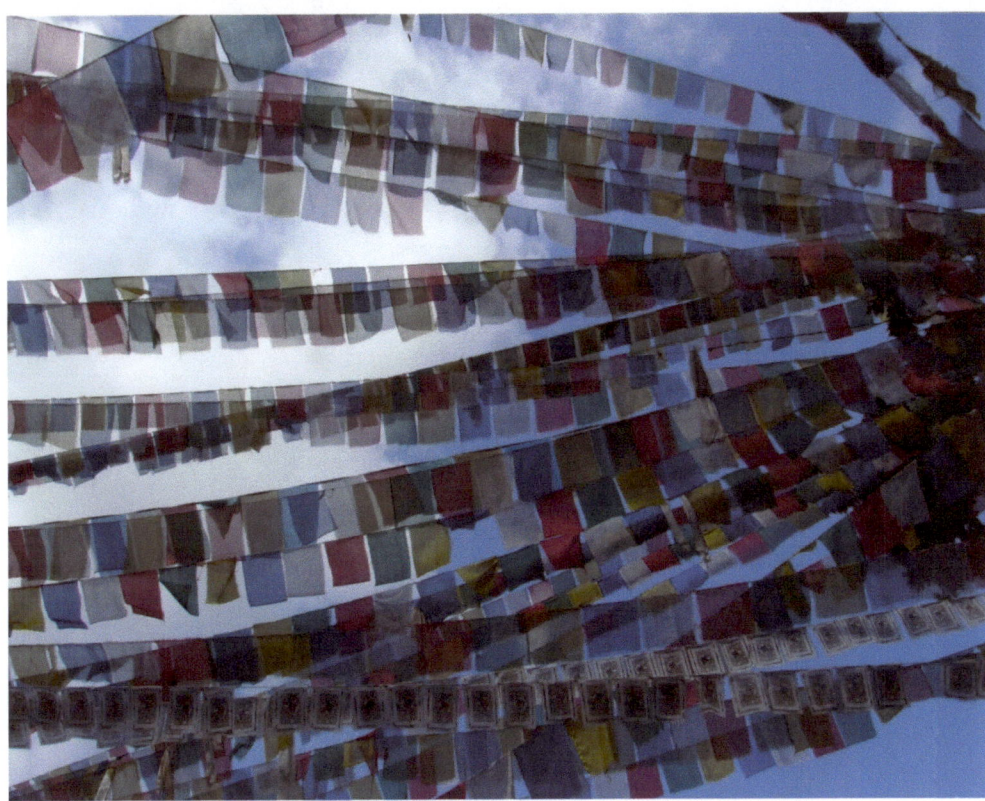

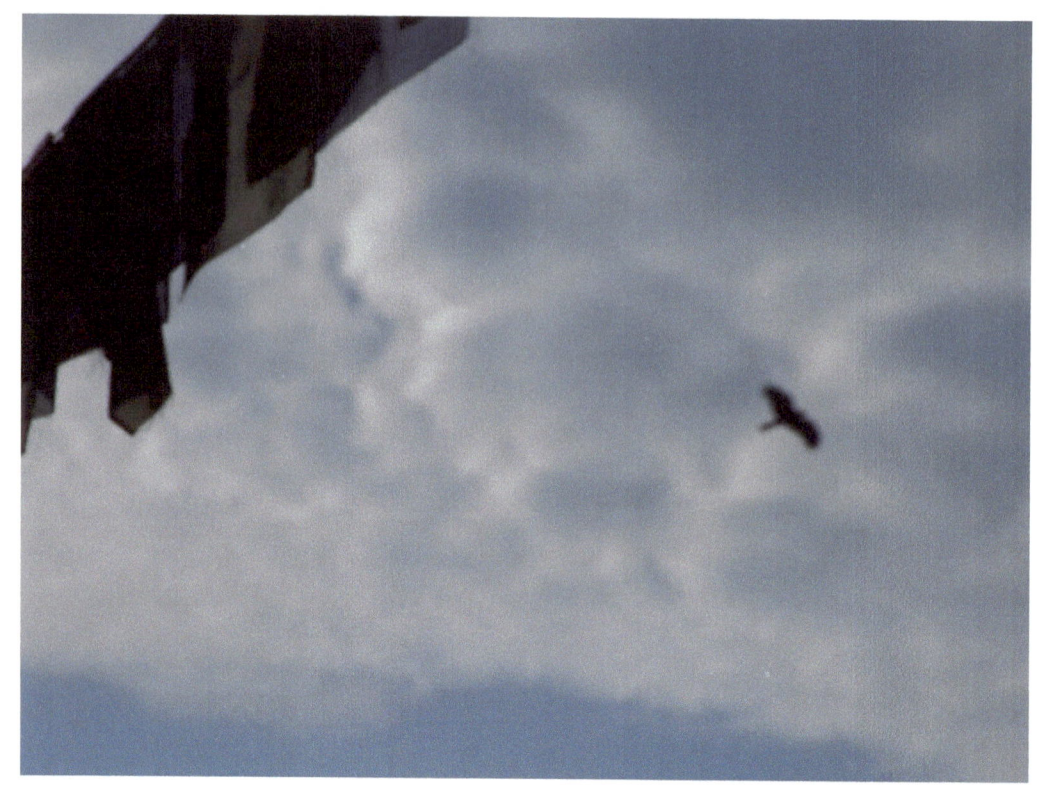

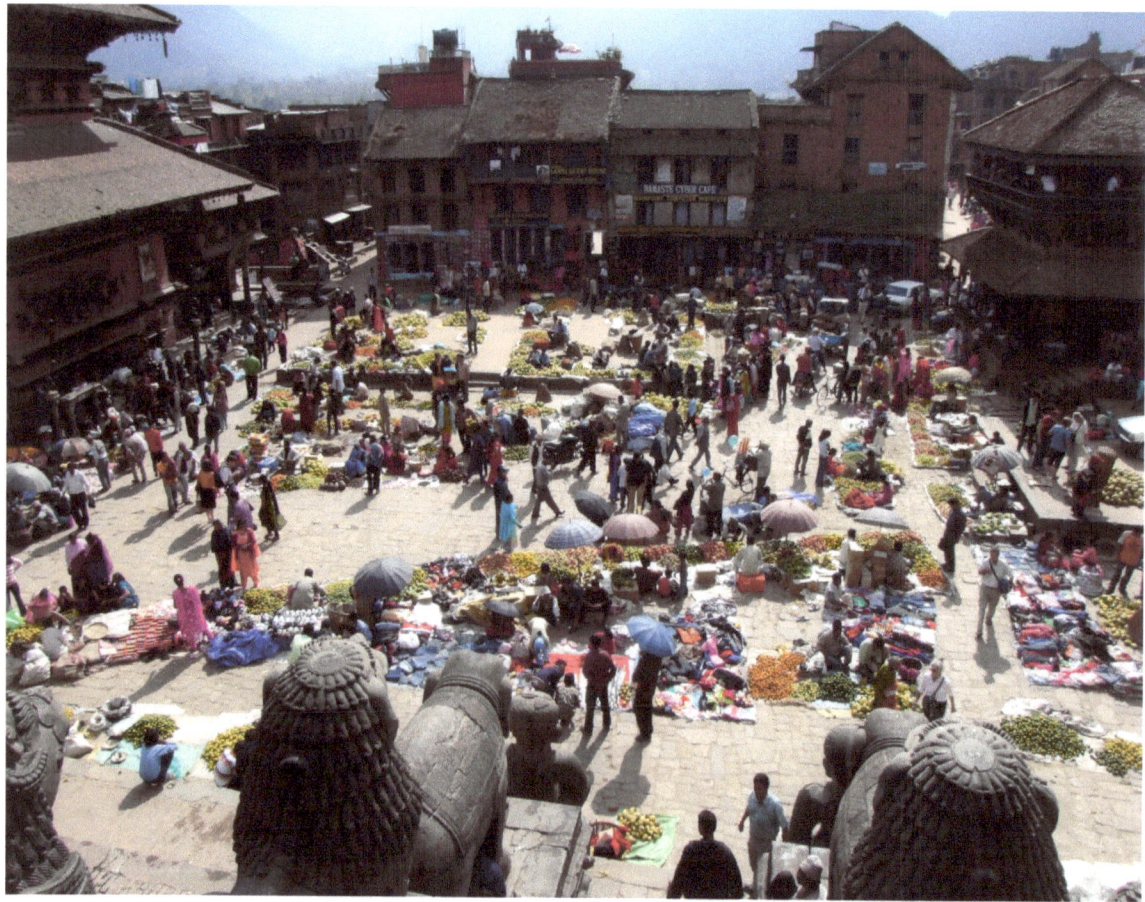

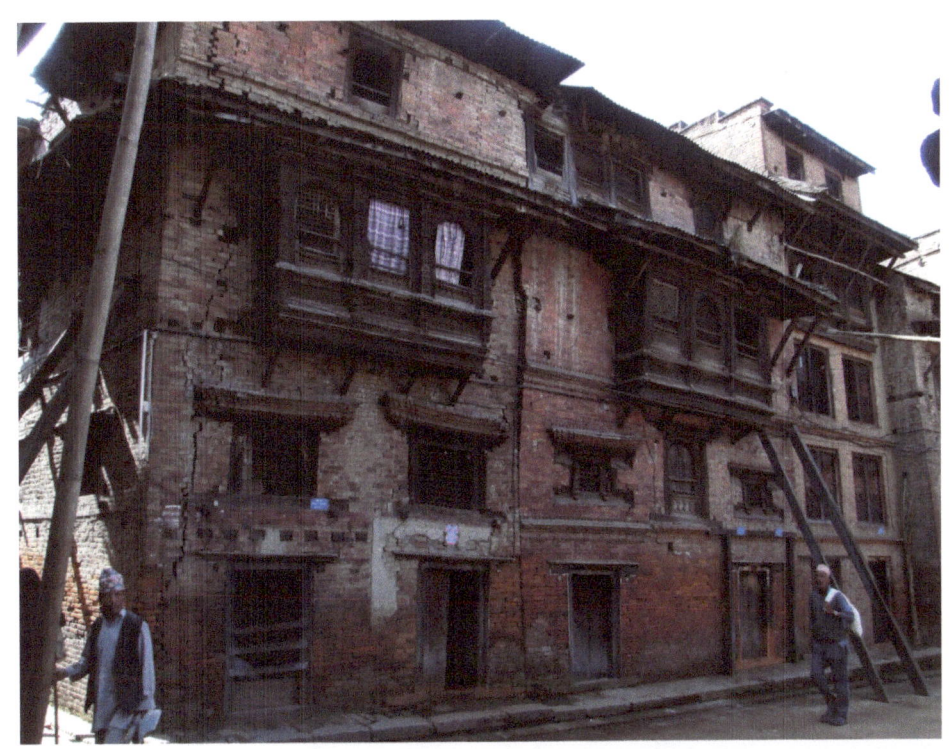

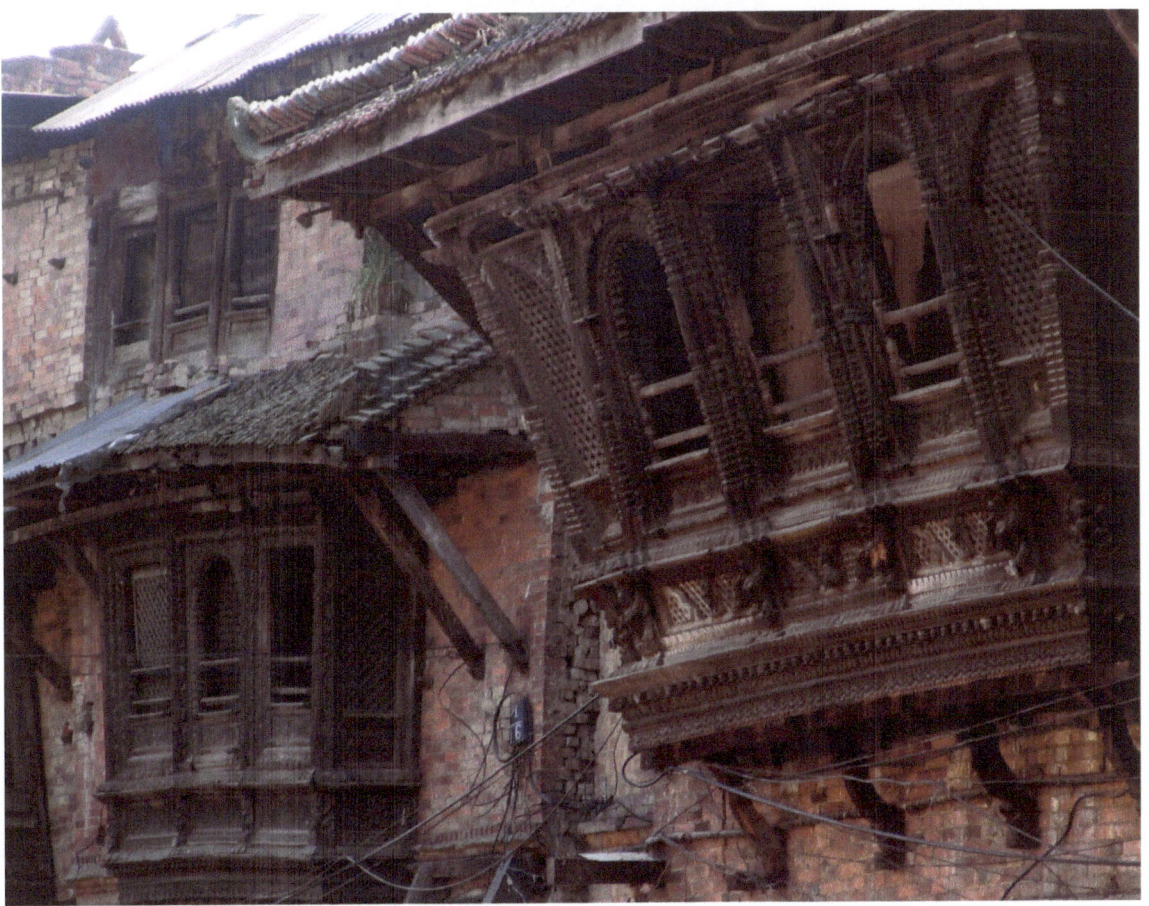

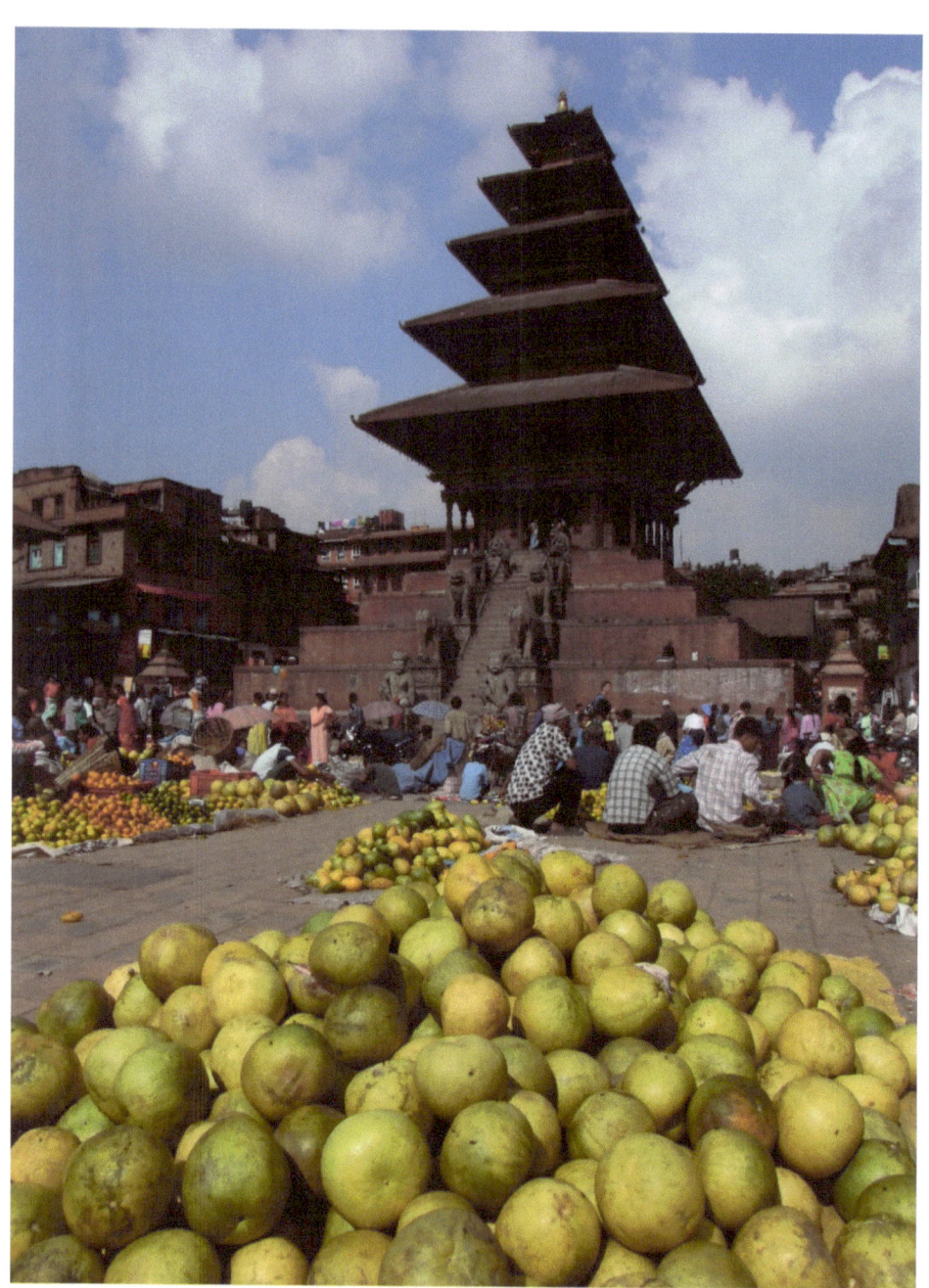

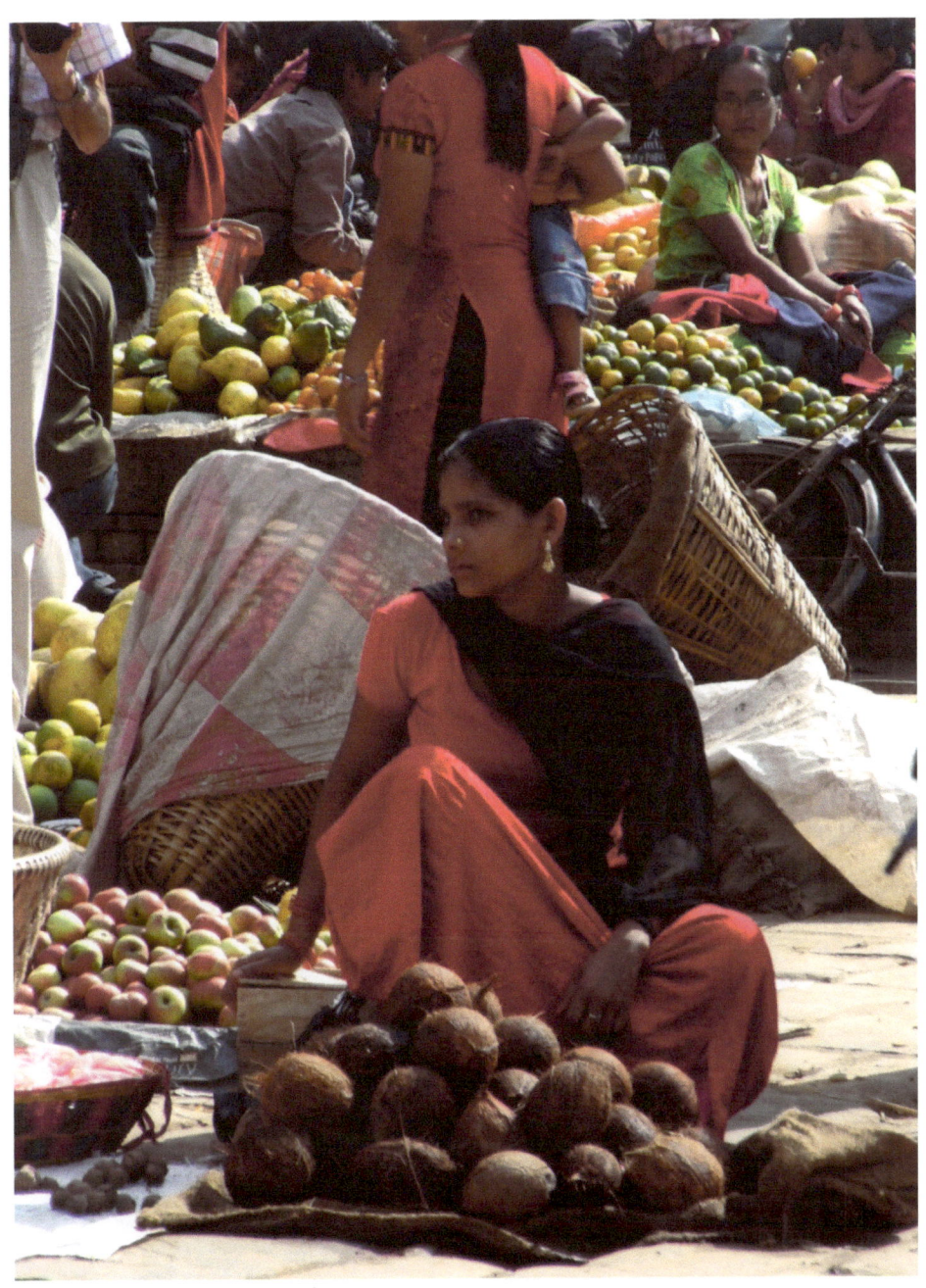

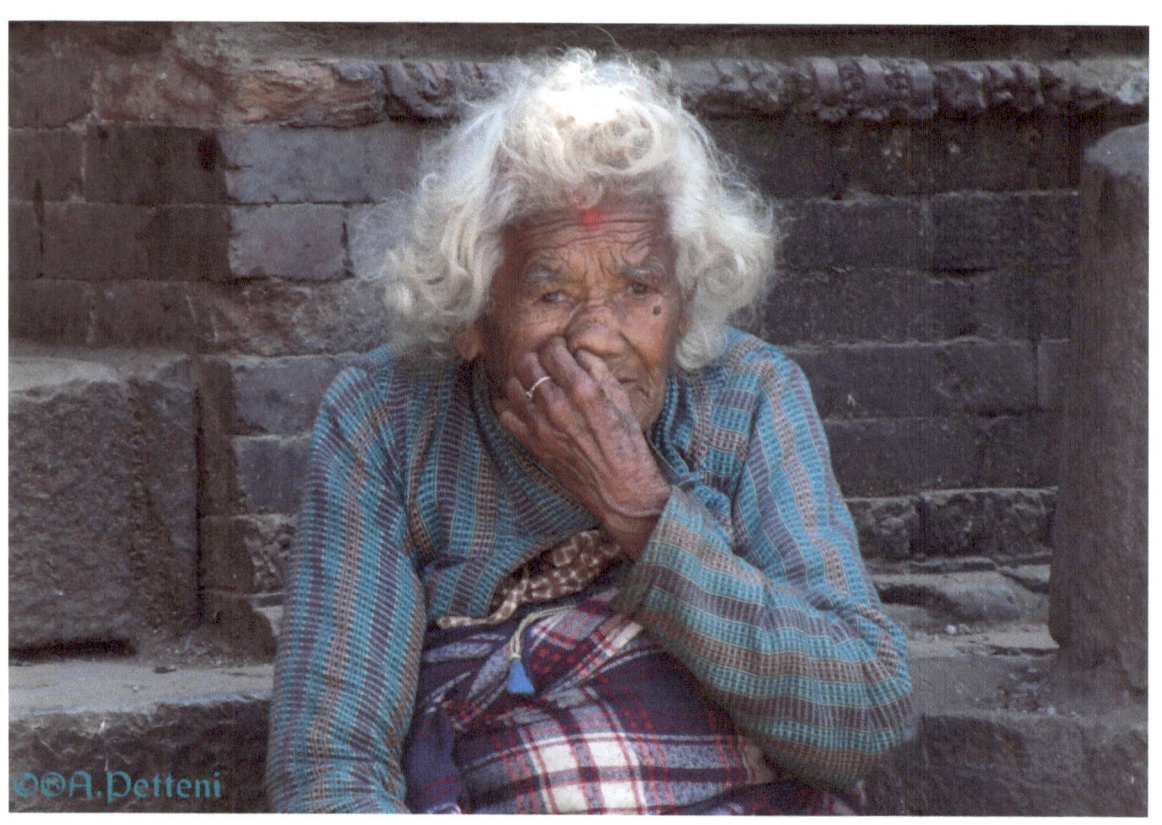

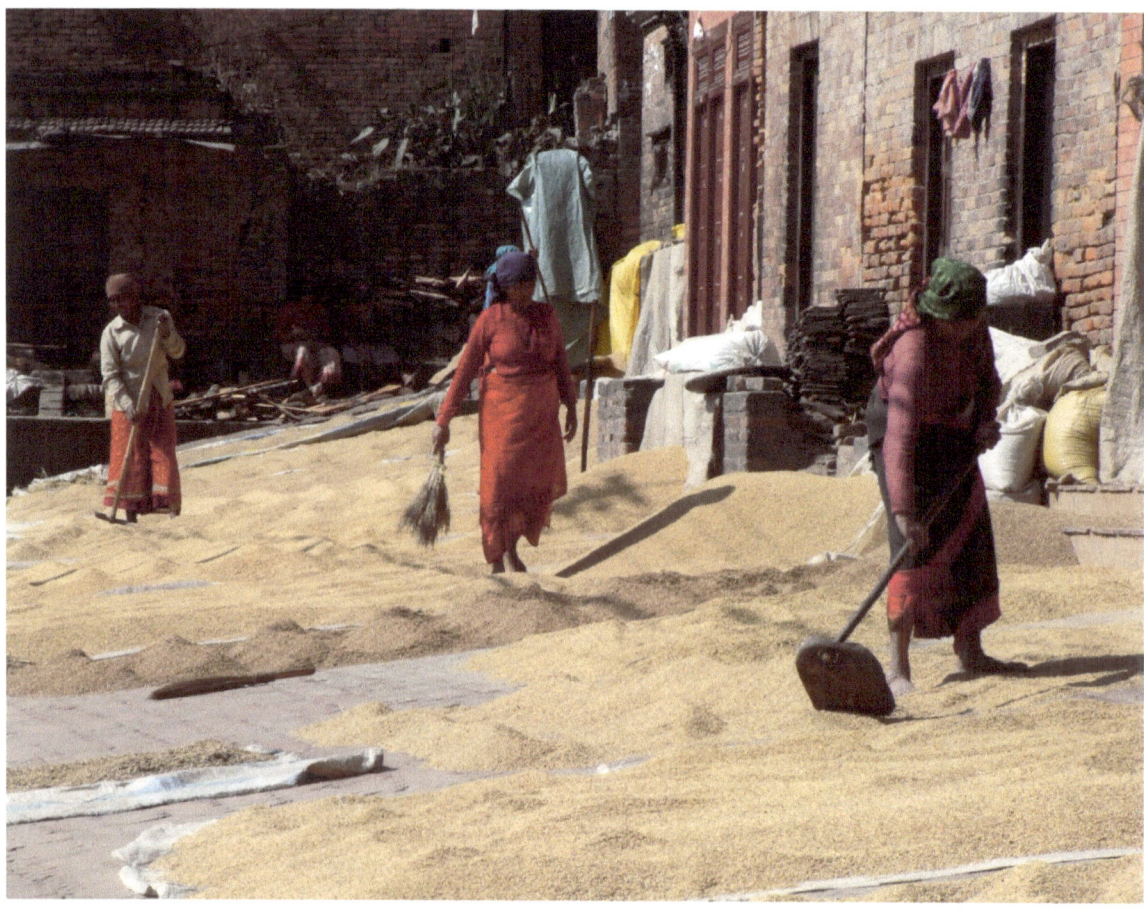

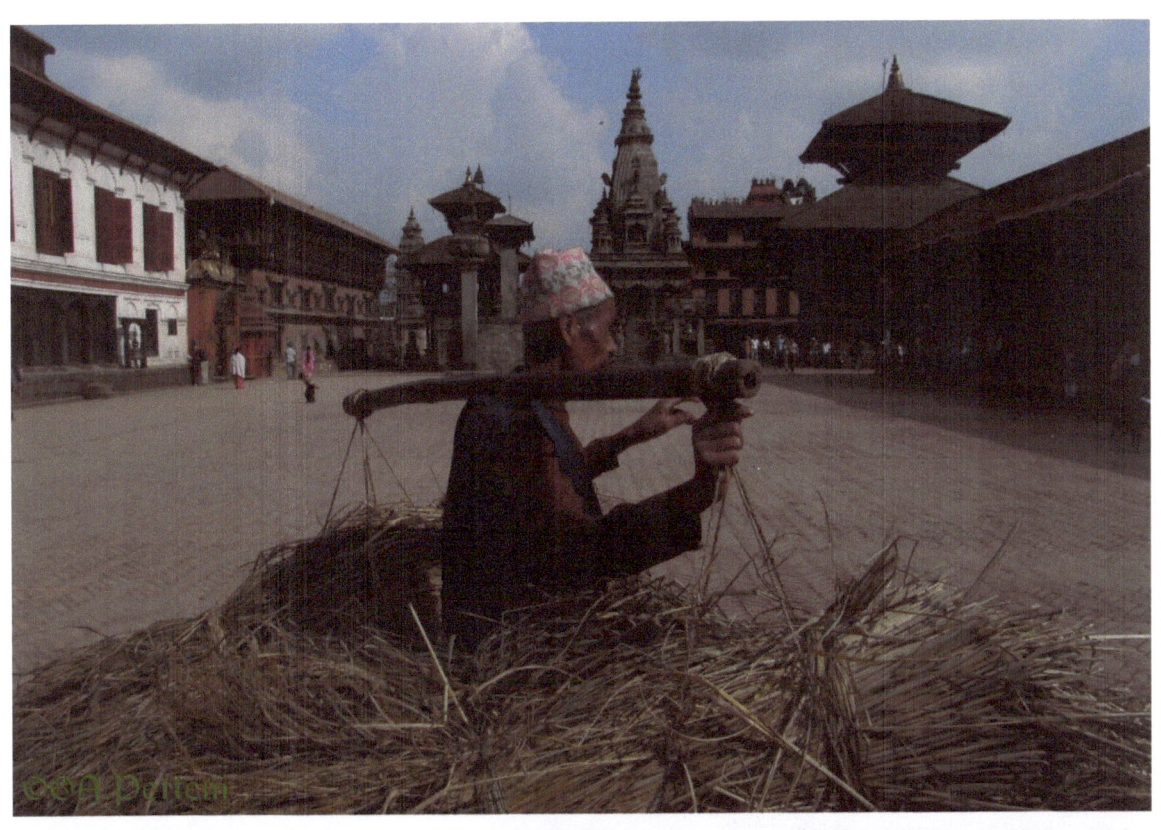

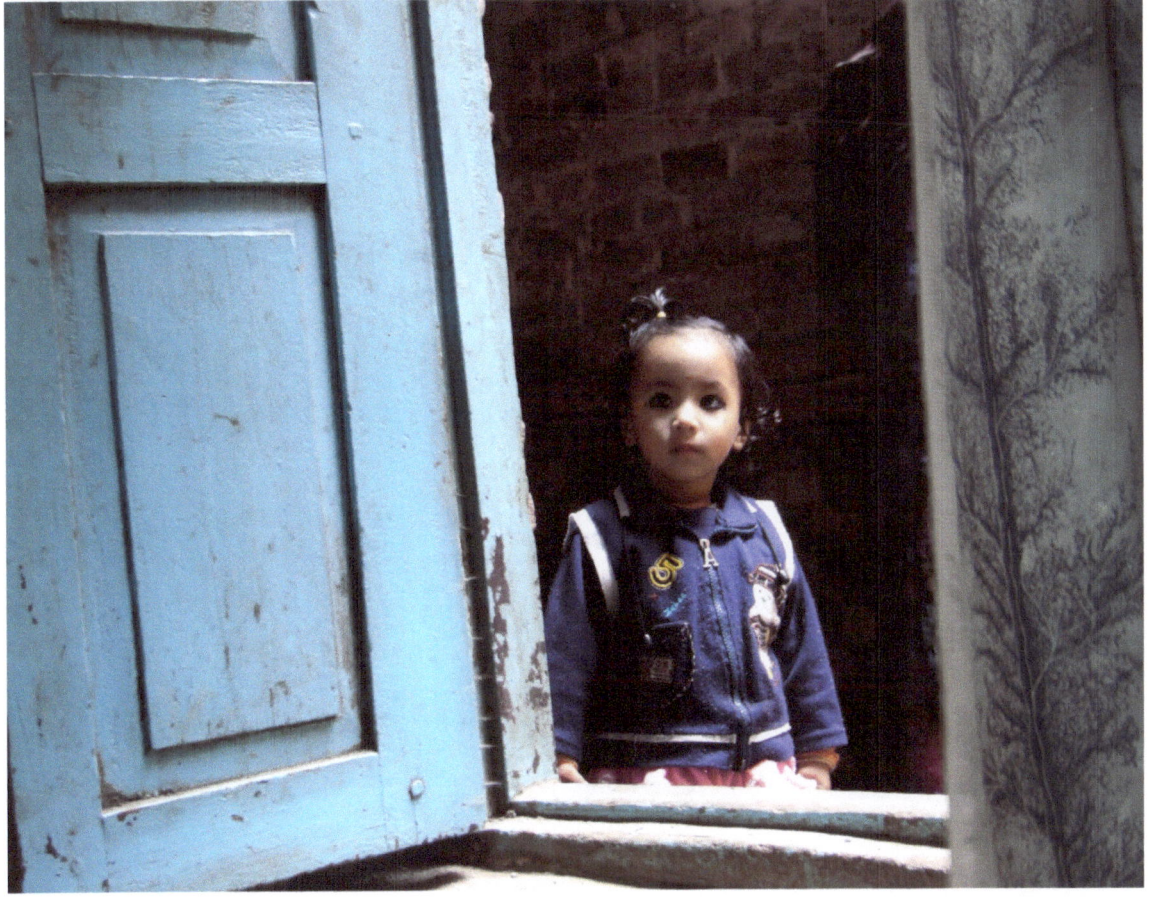

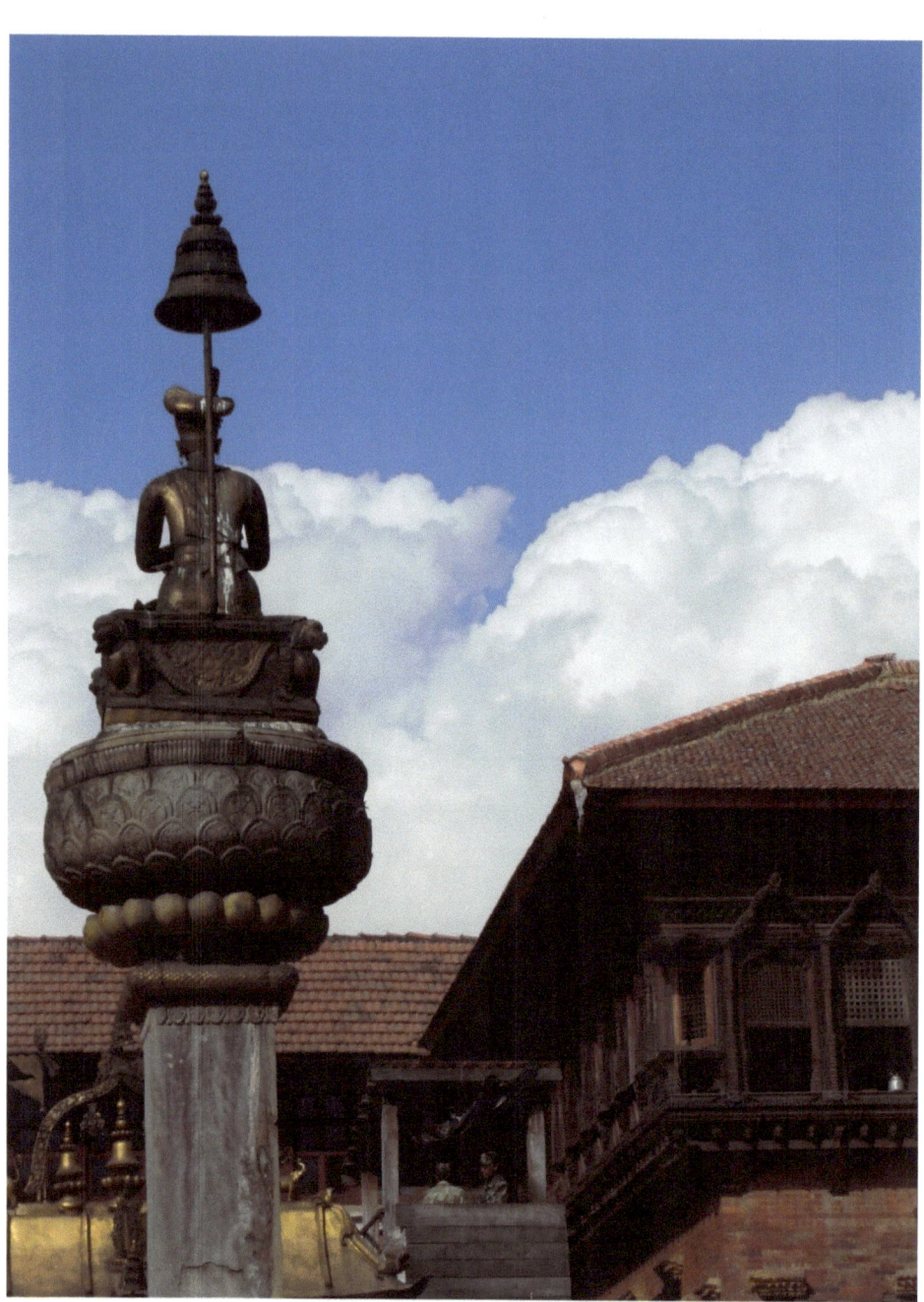

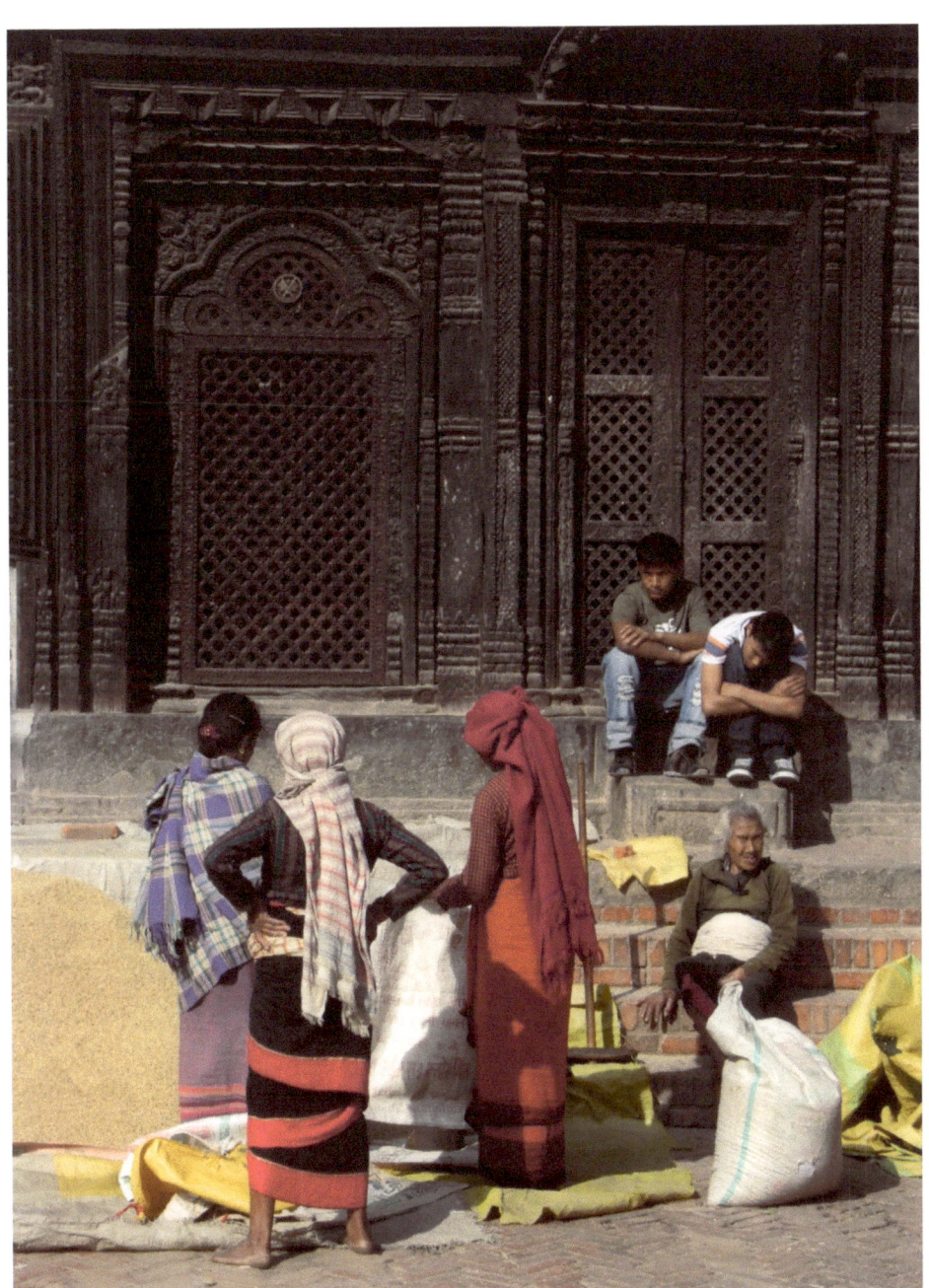

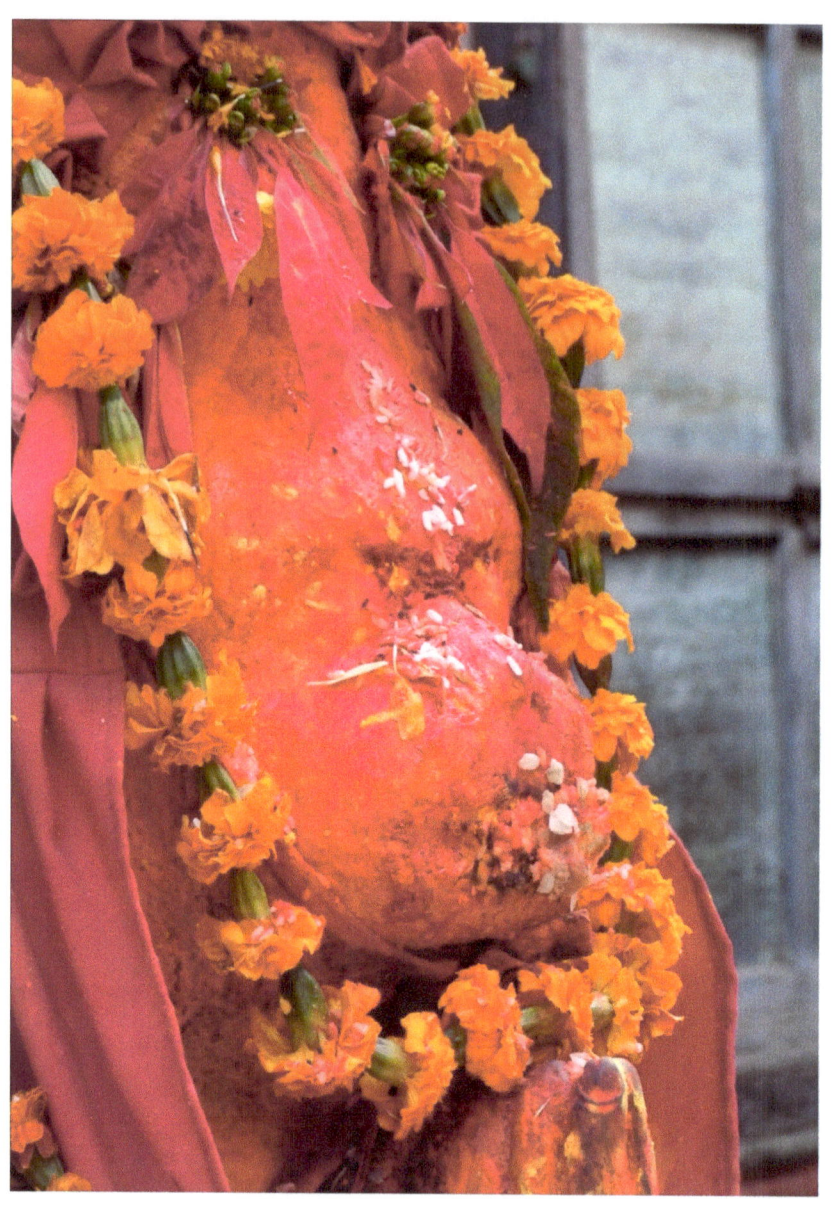
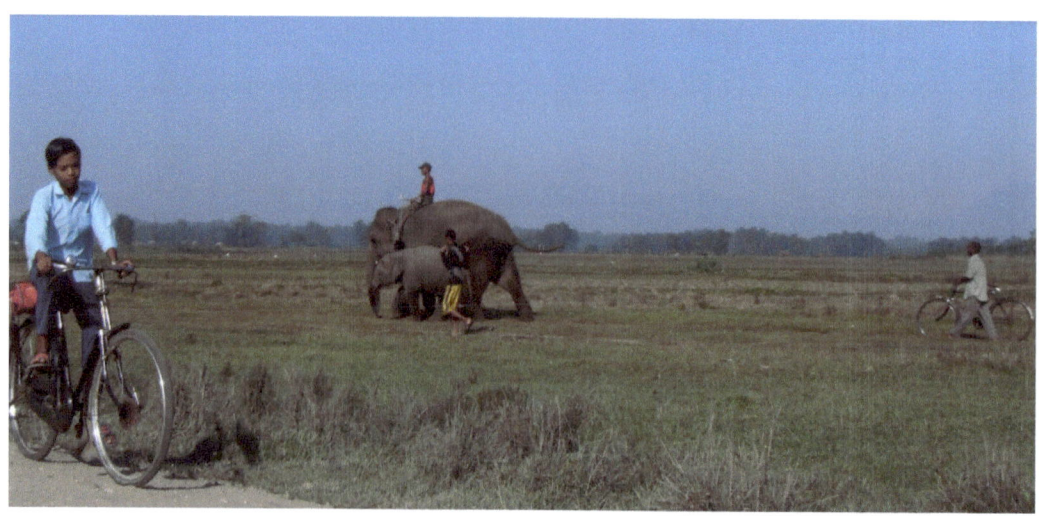

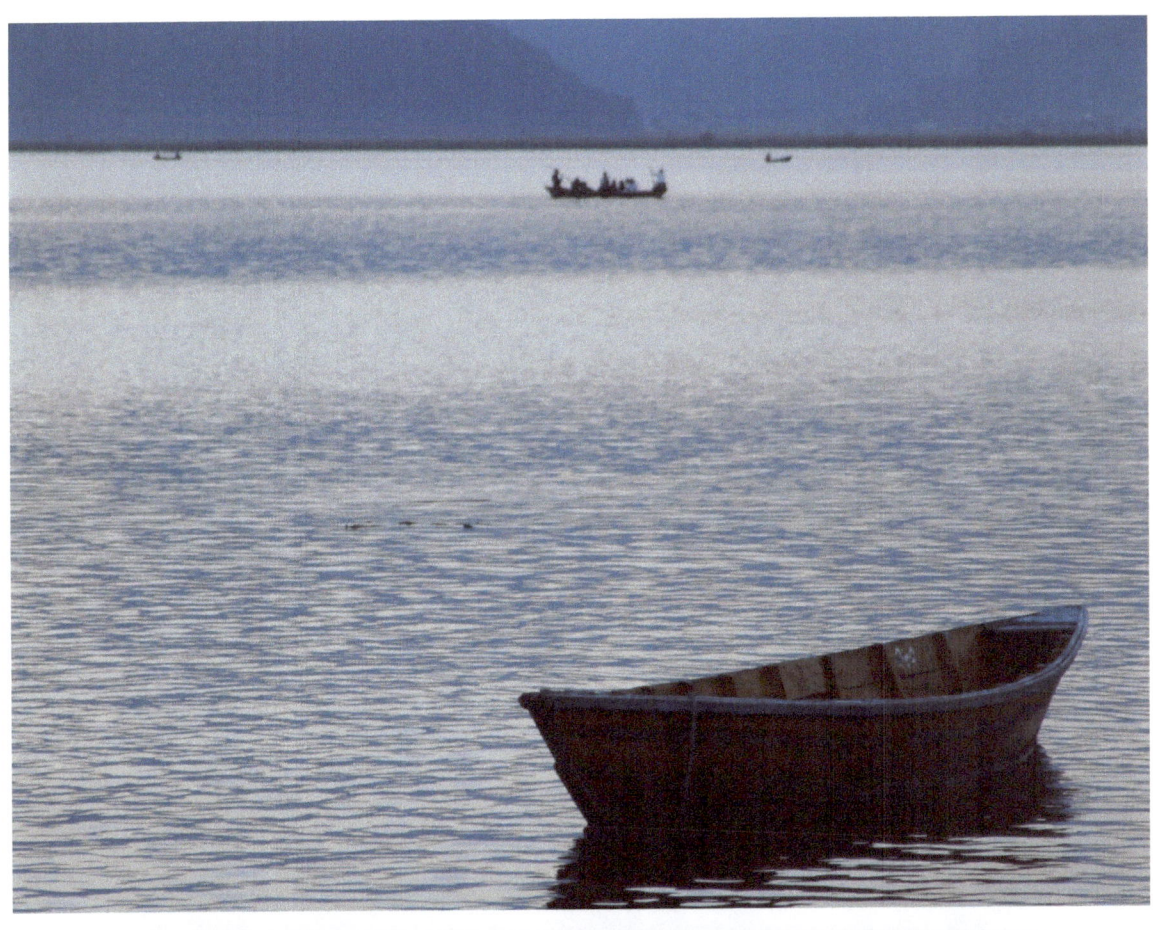

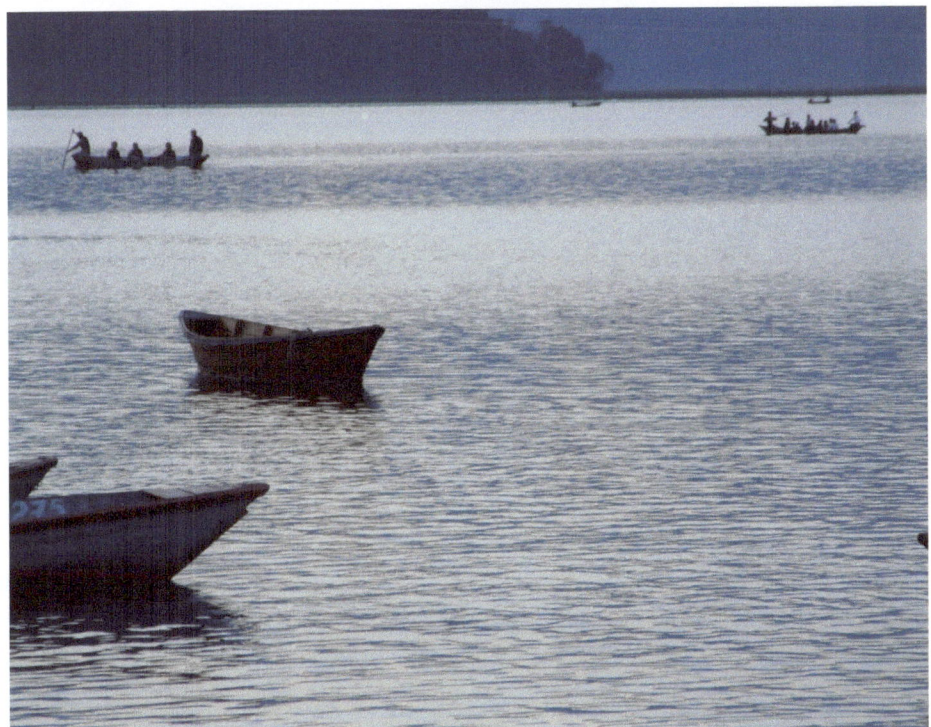

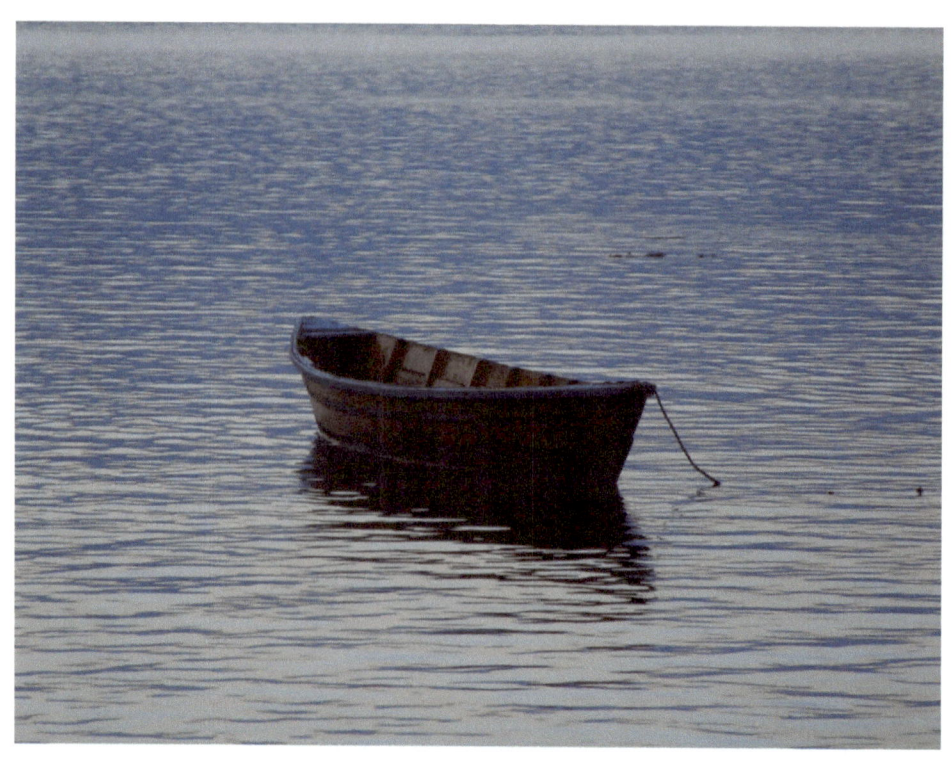

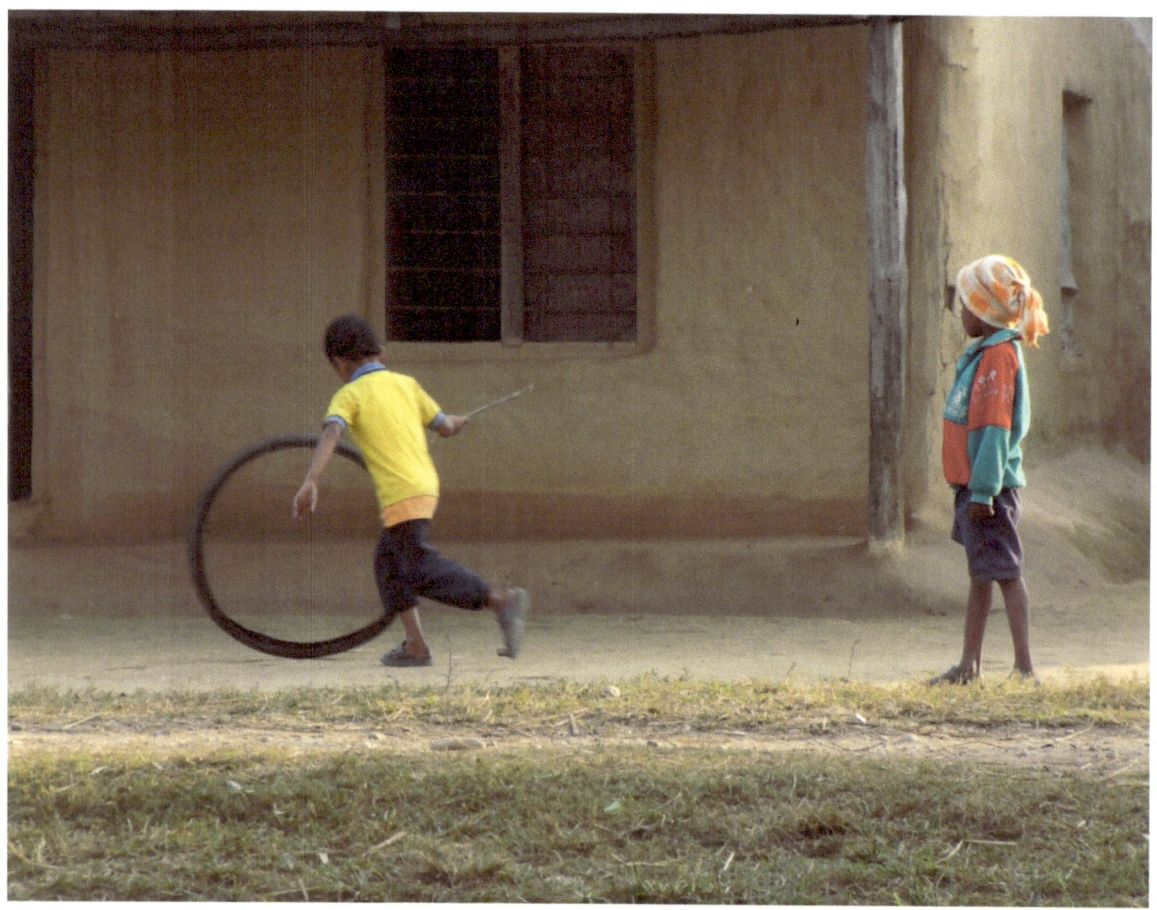

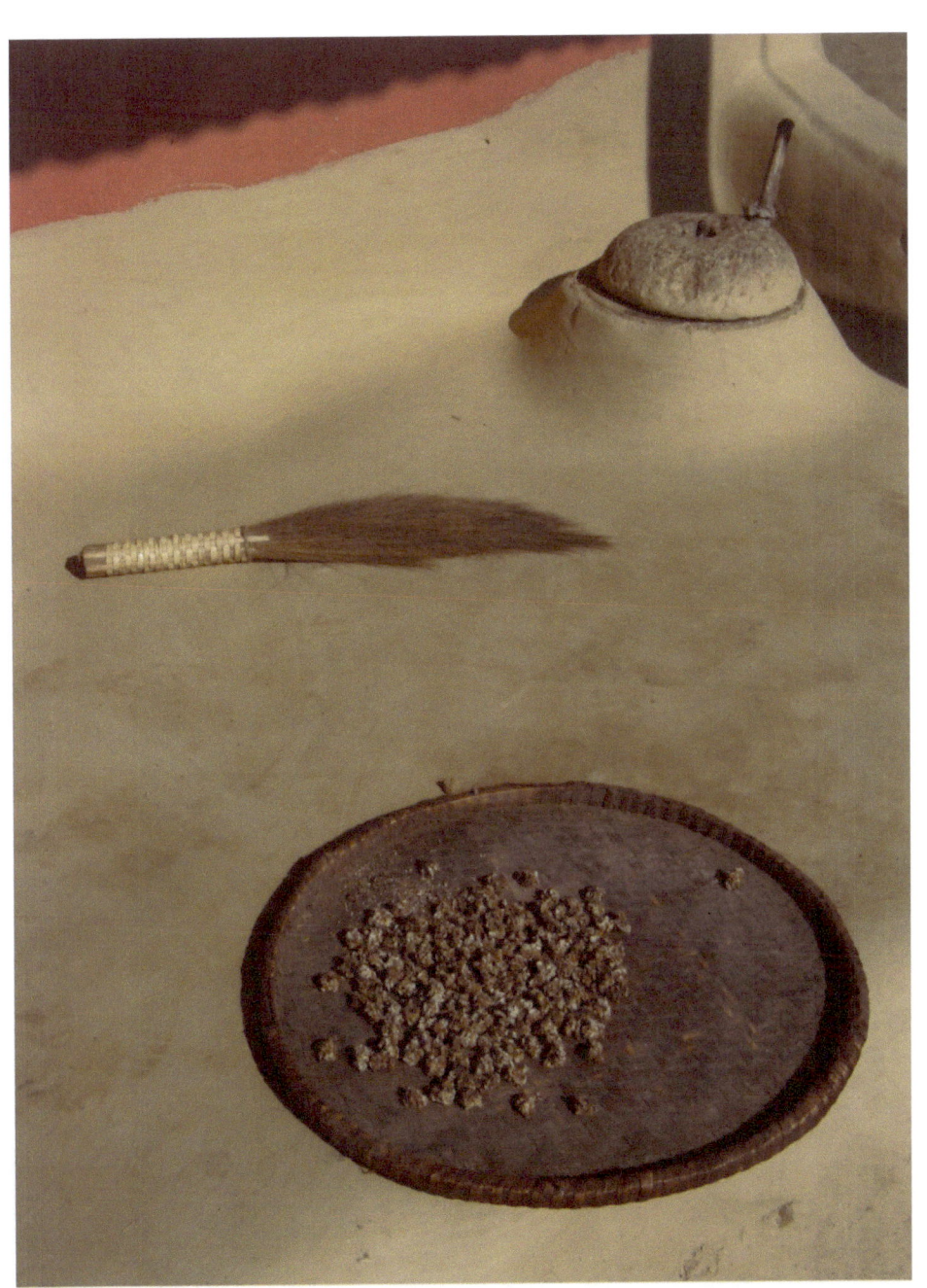

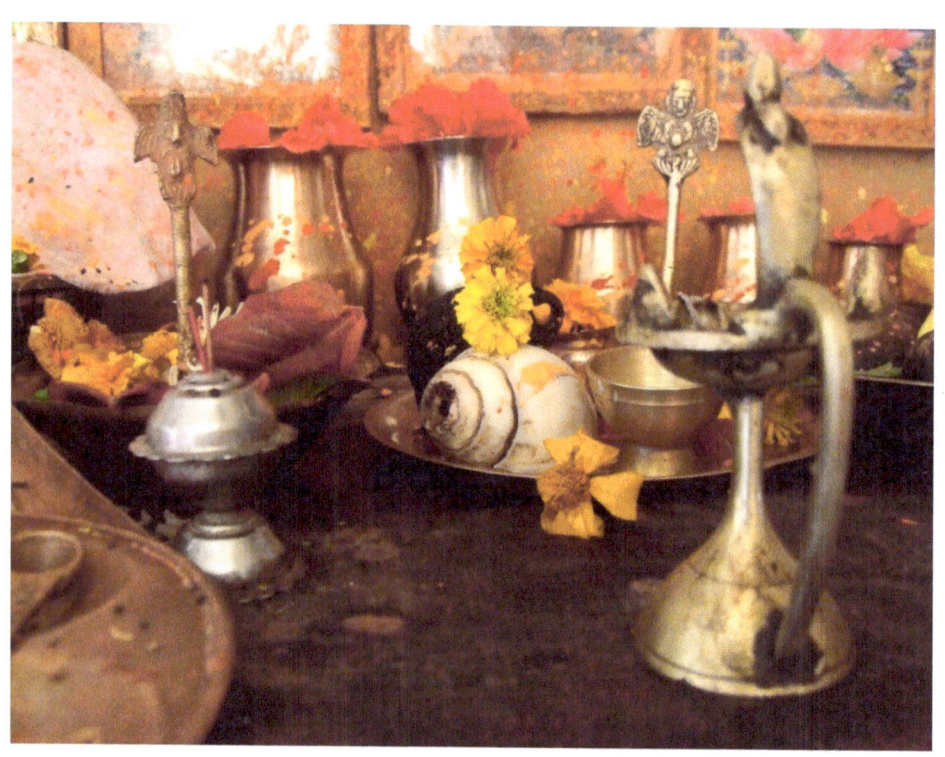

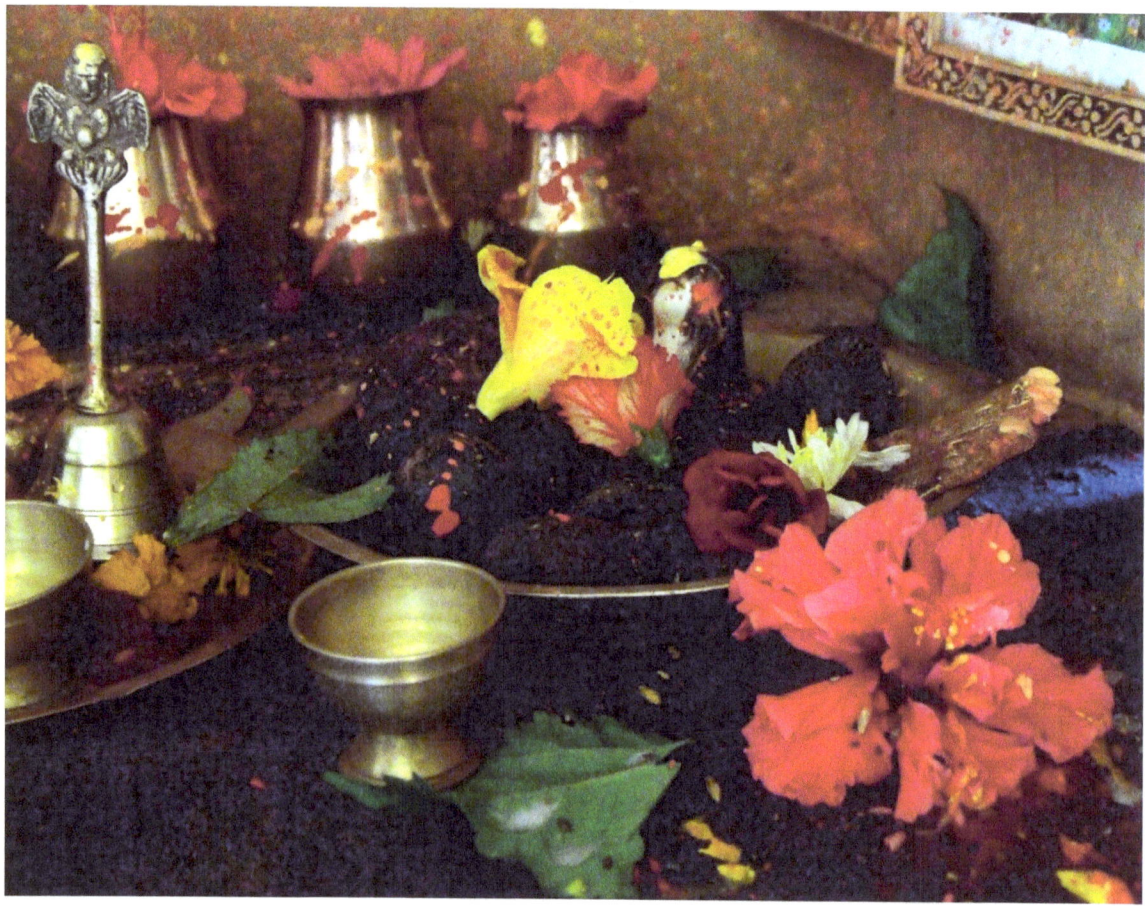

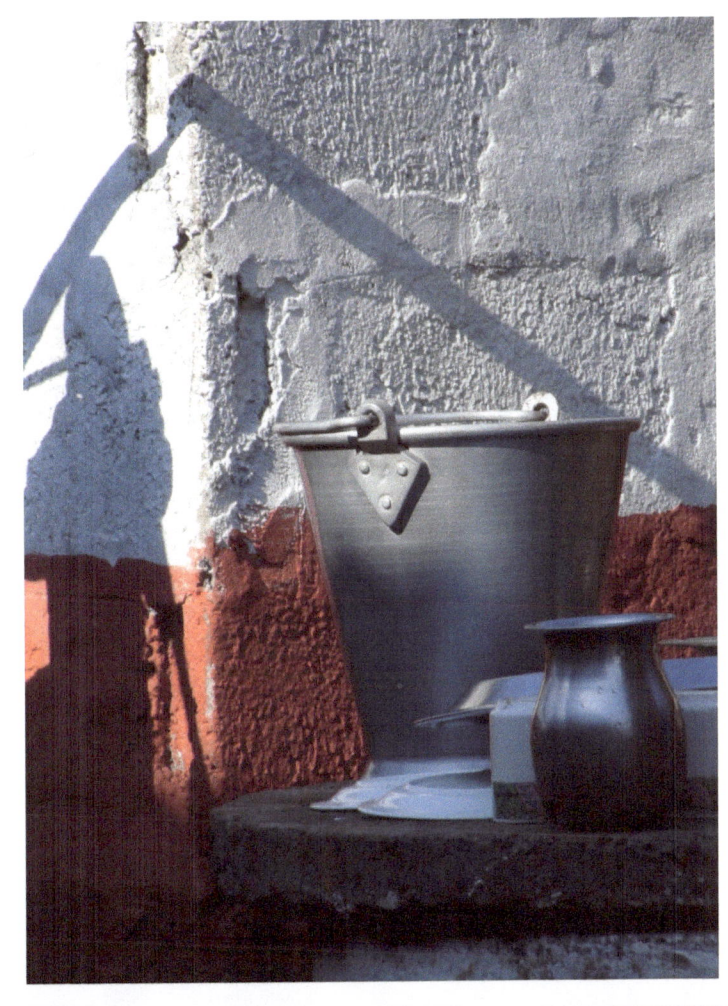

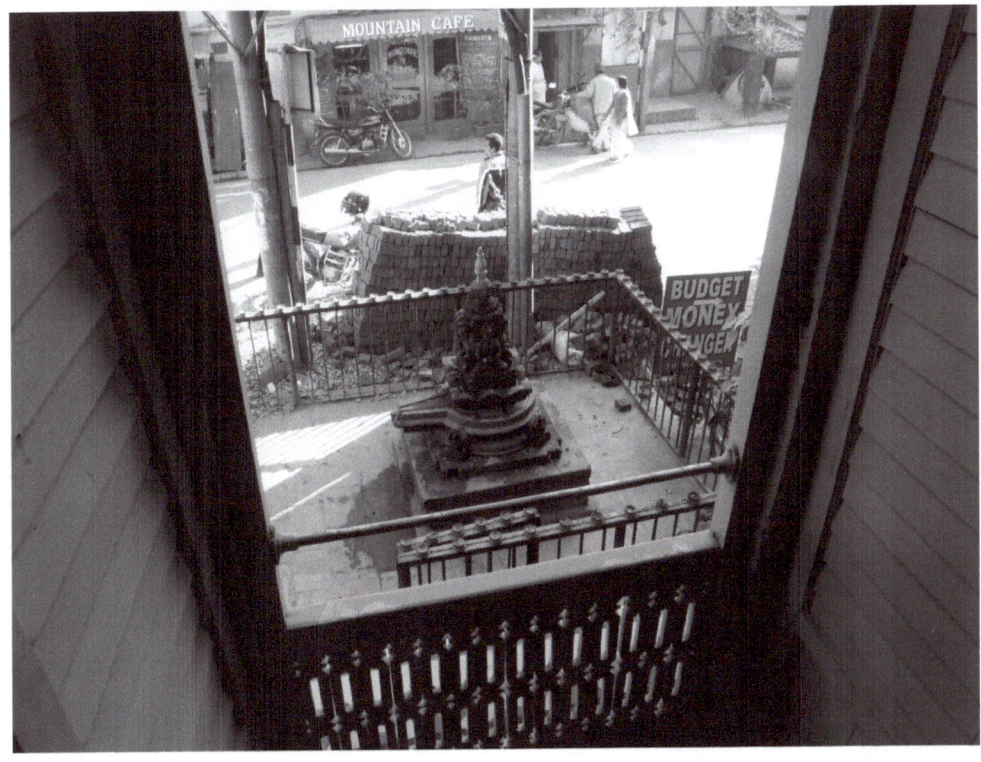

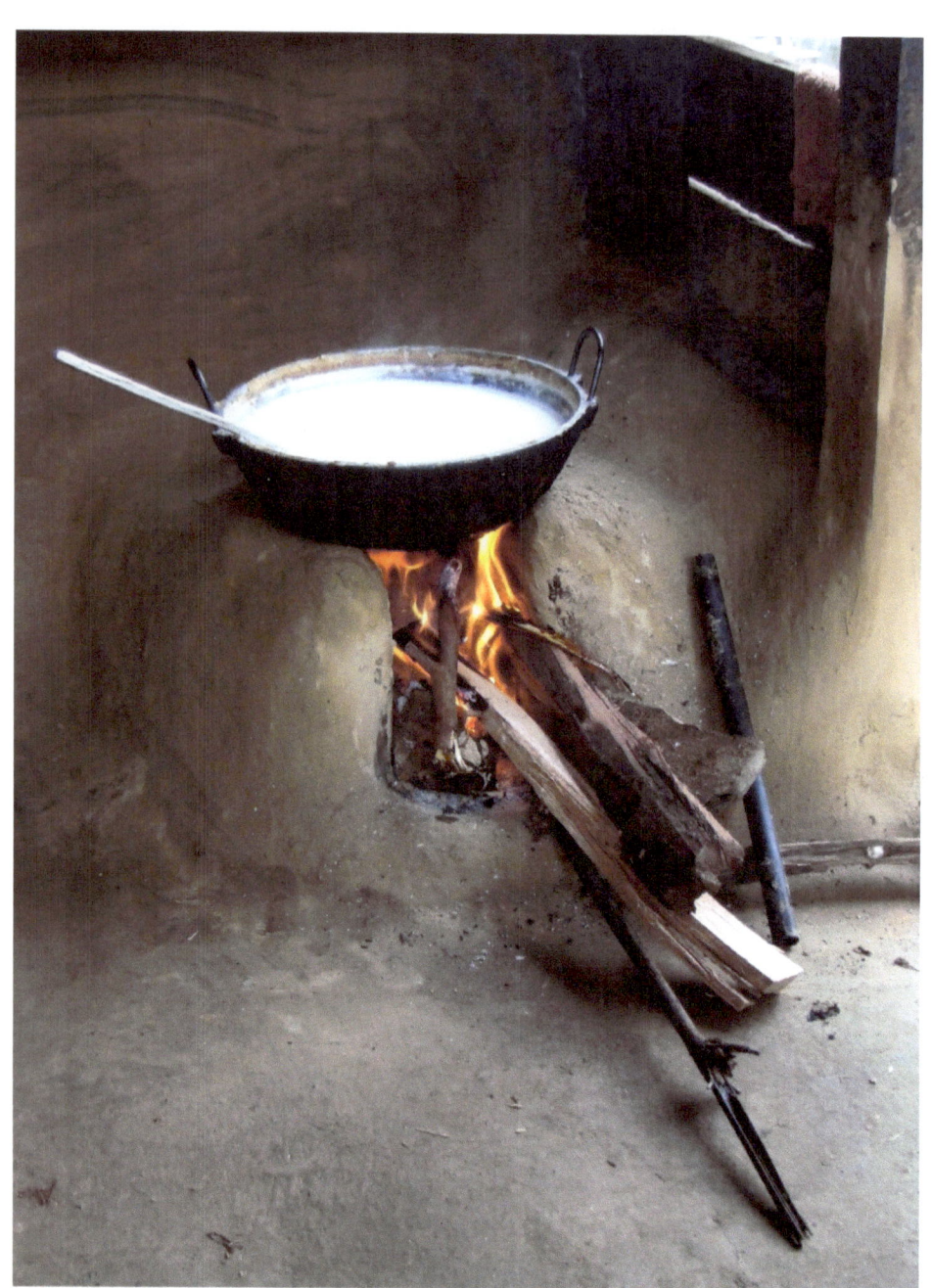

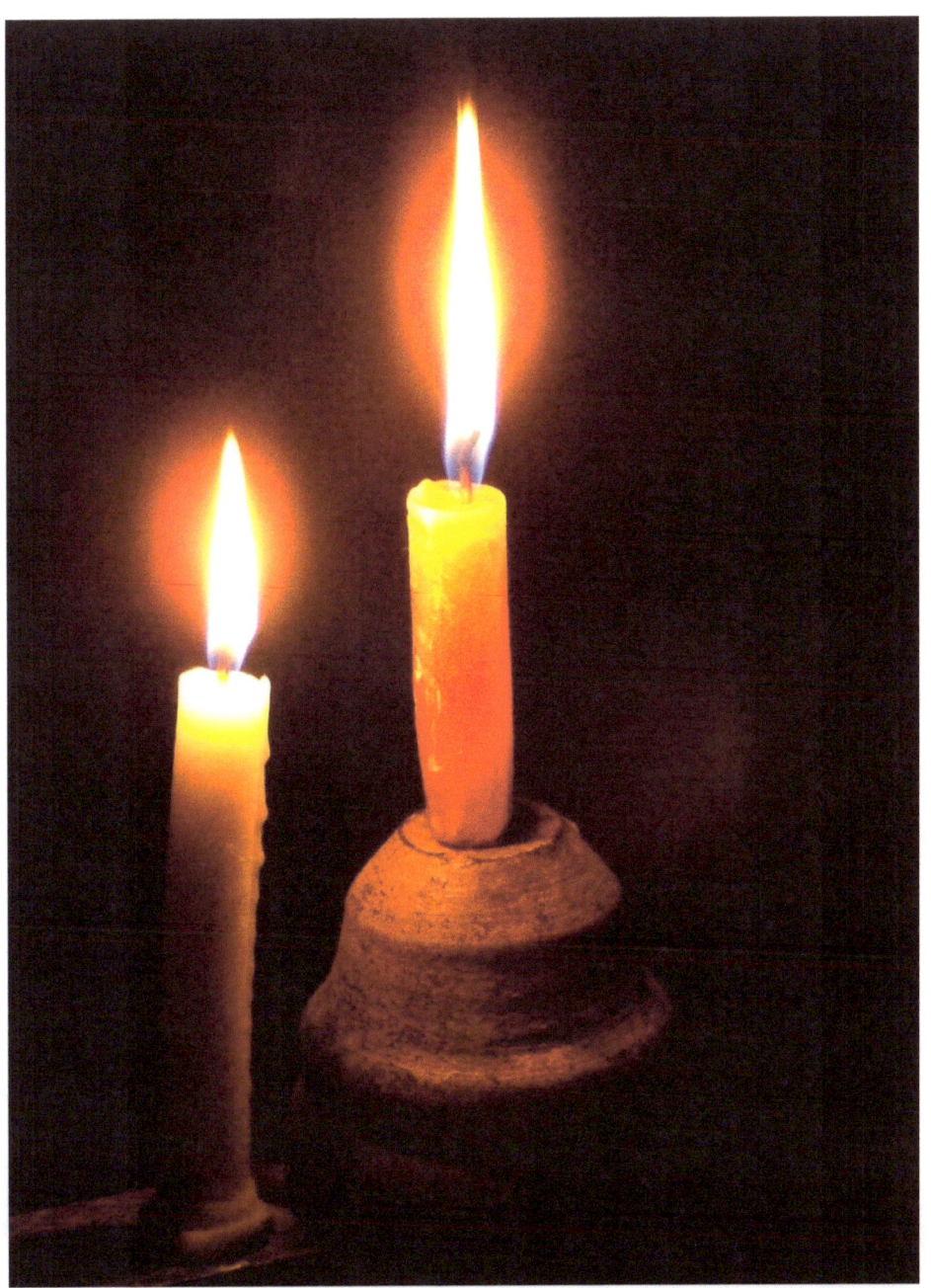

Marino Curnis

FOTO ALBUM DEL CIRCUITO DELL'ANNAPURNA NEPAL

(16 novembre/03 dicembre 2007)

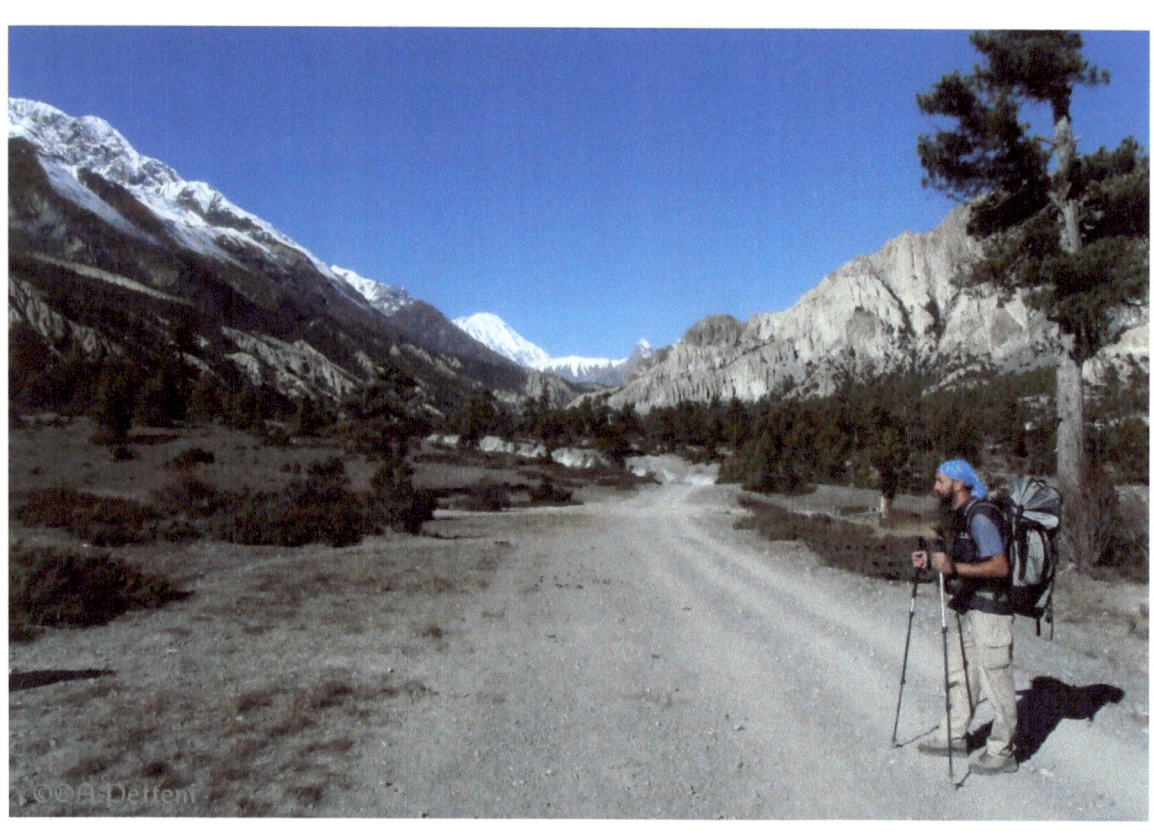

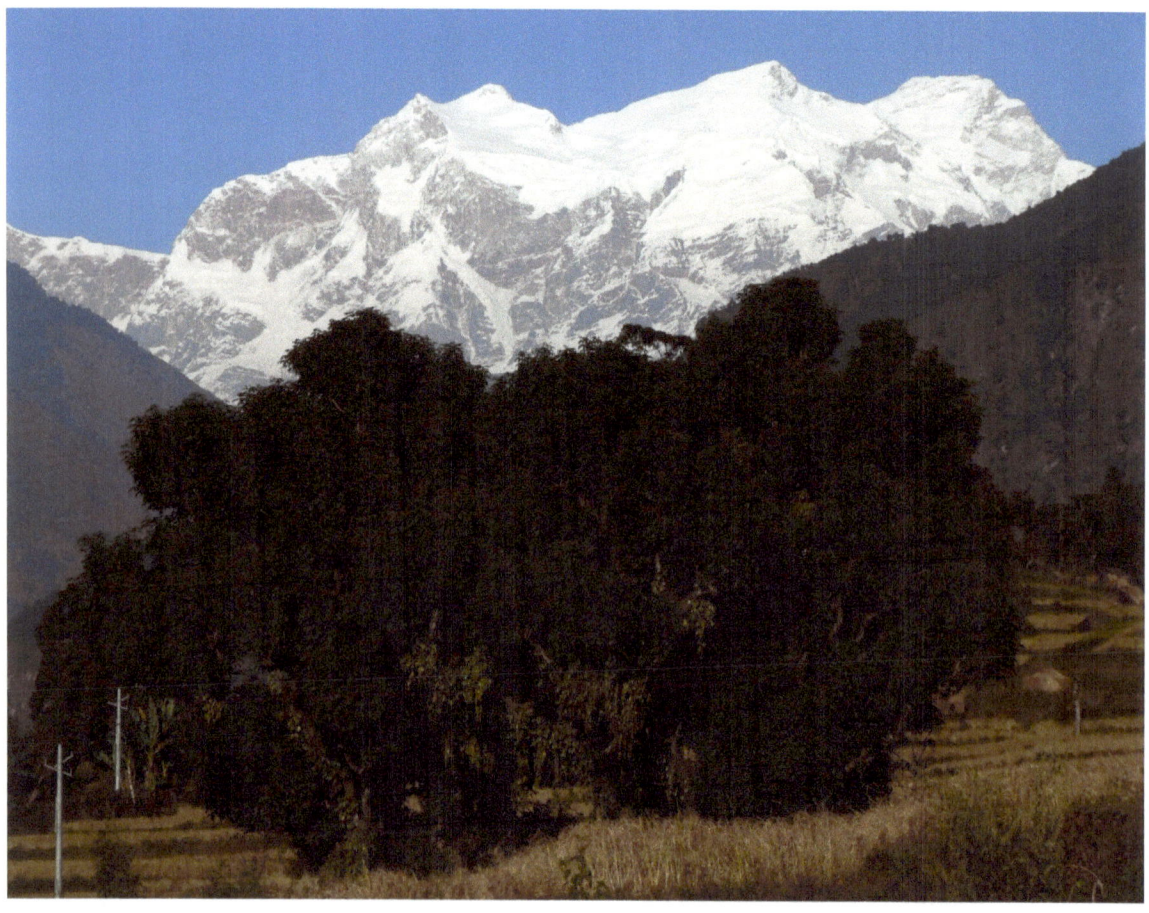

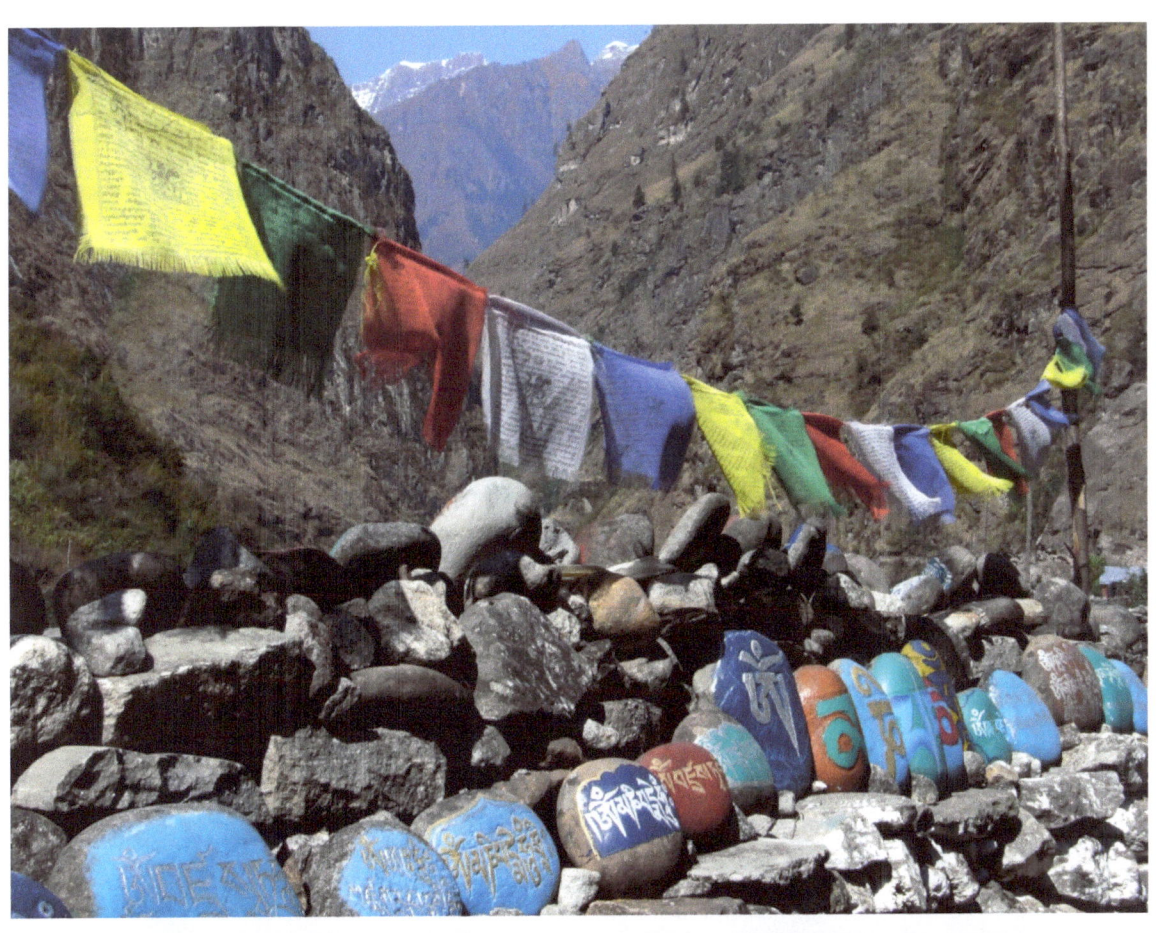

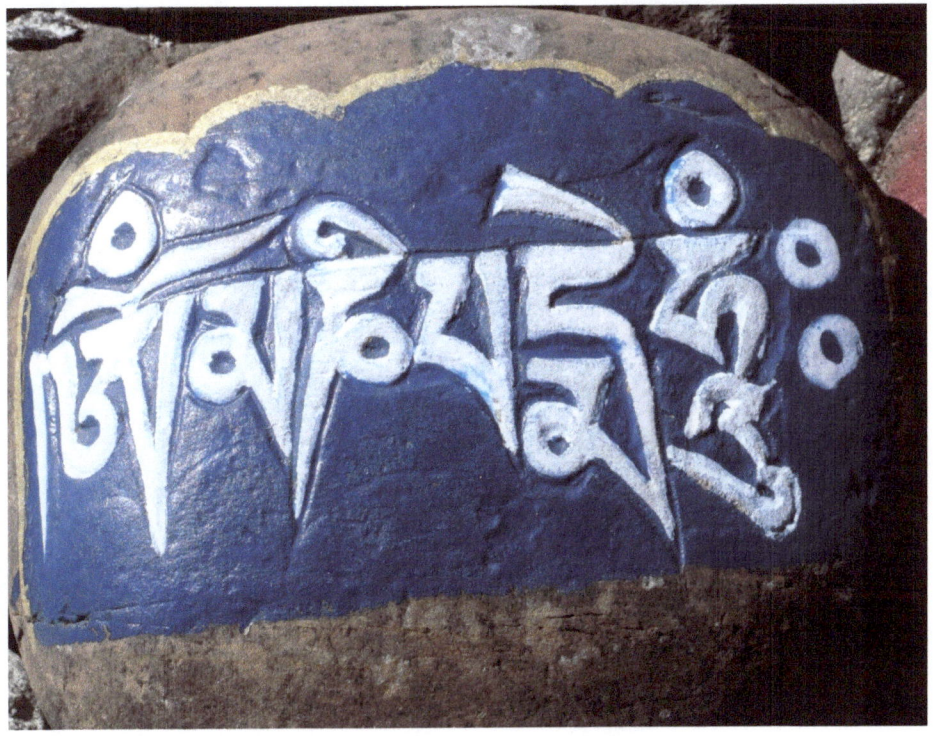

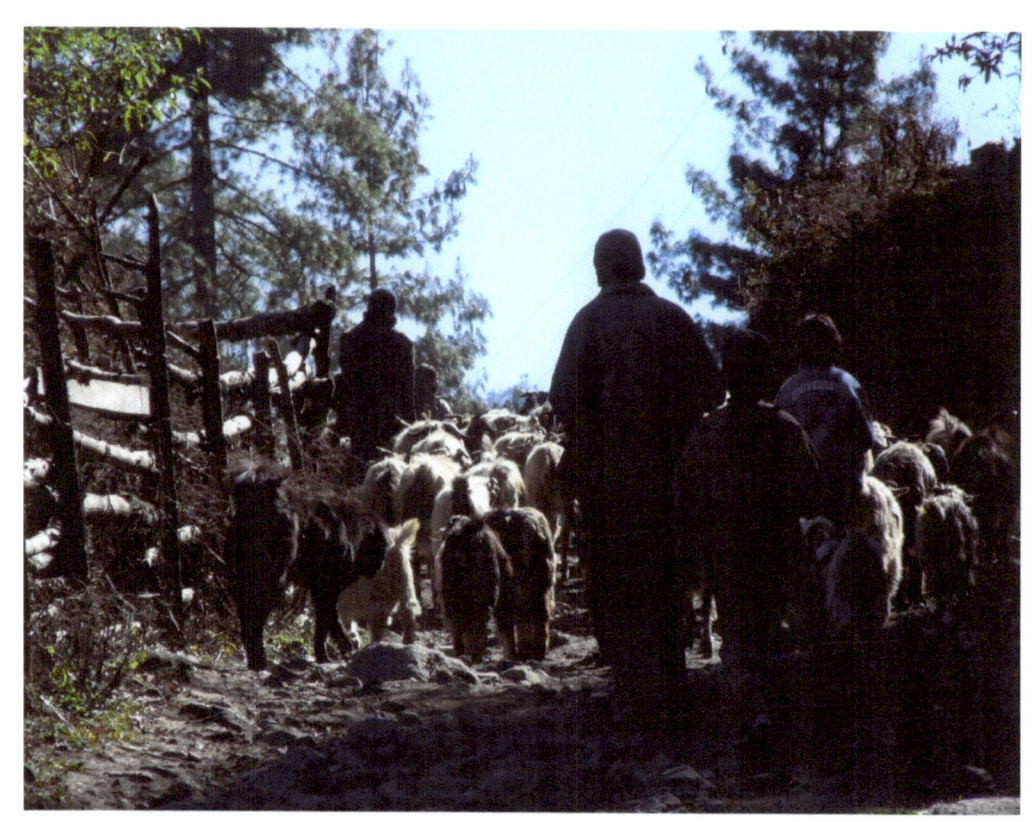

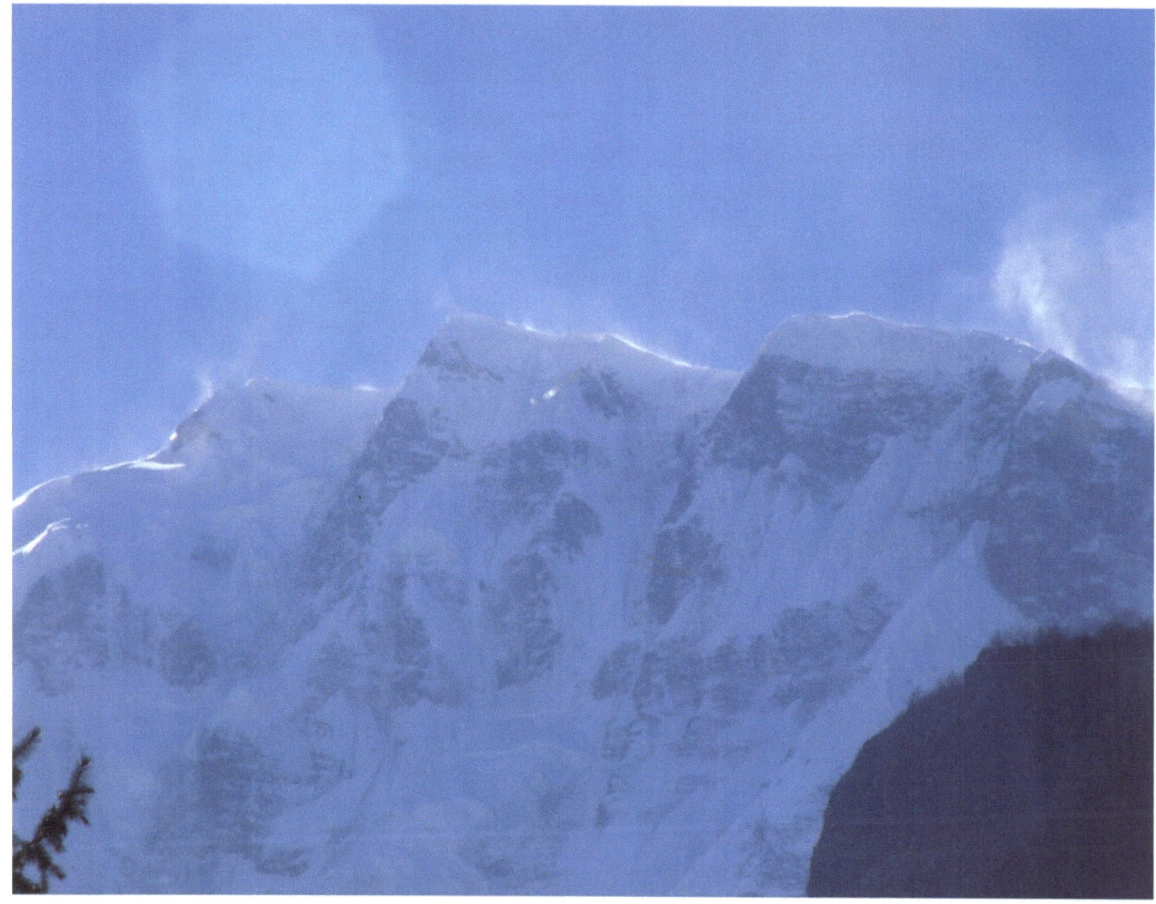

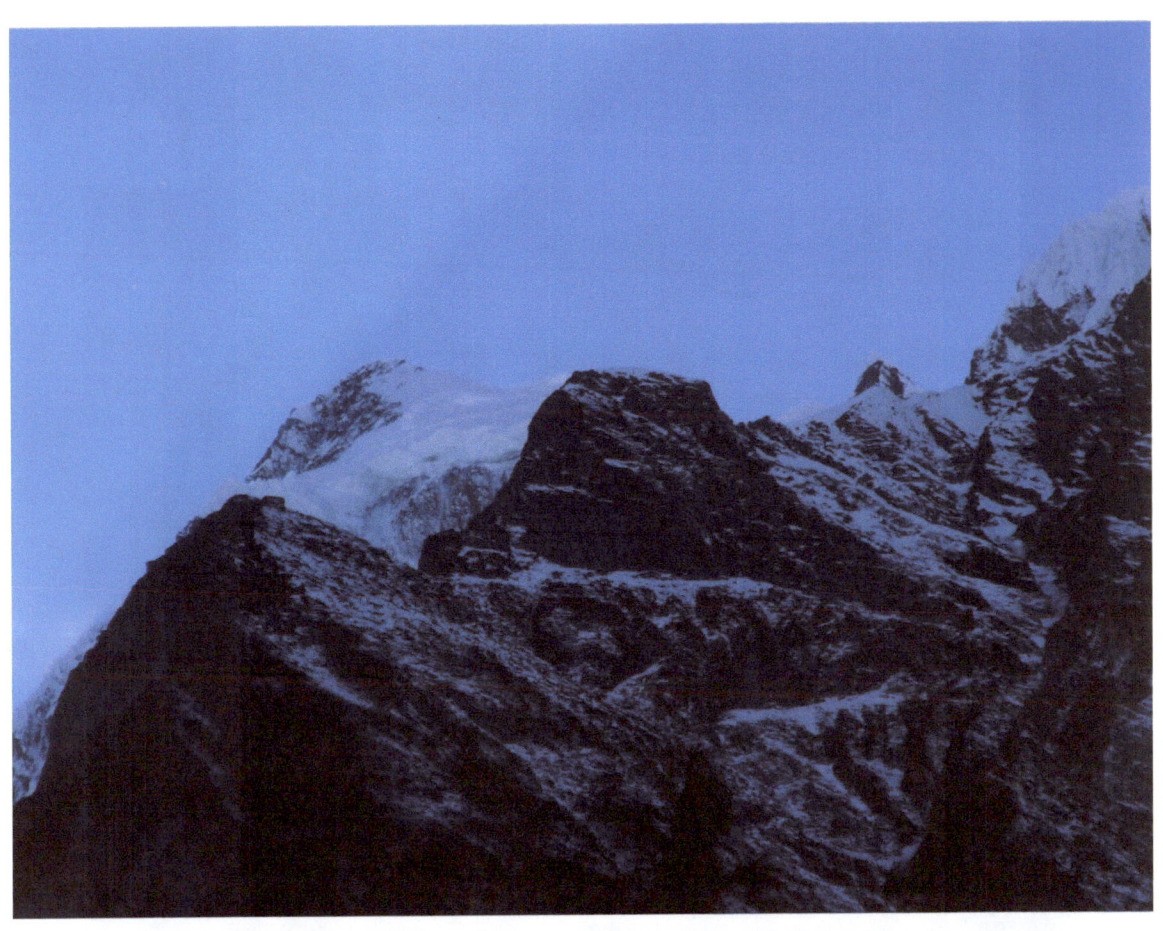

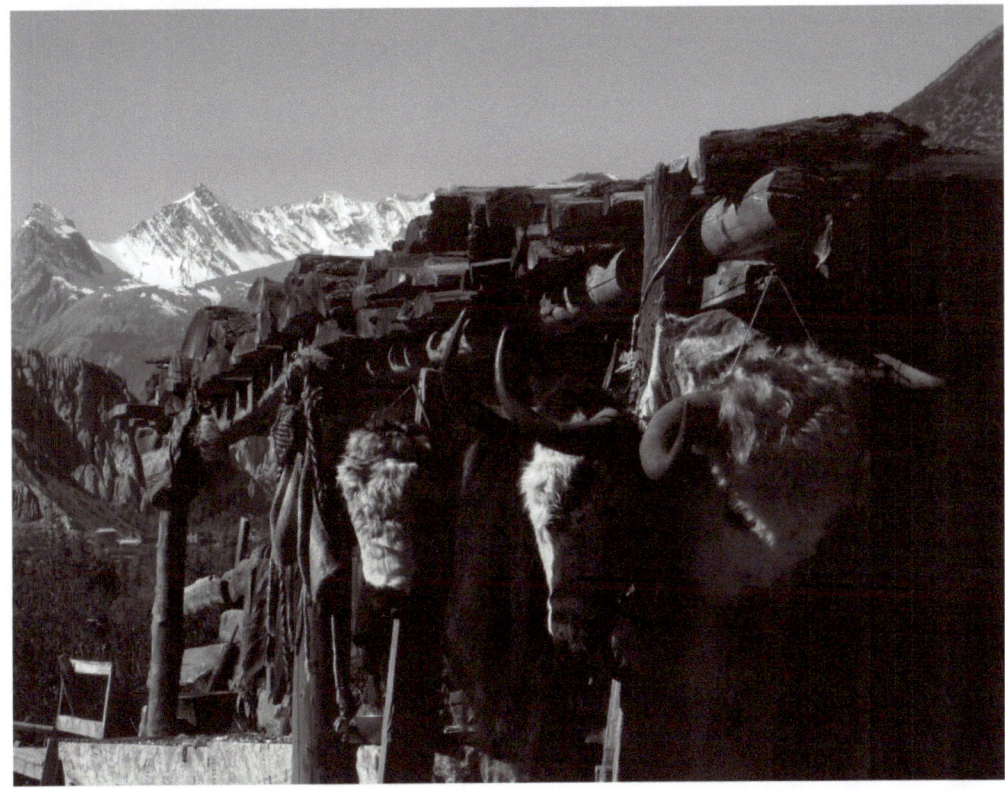

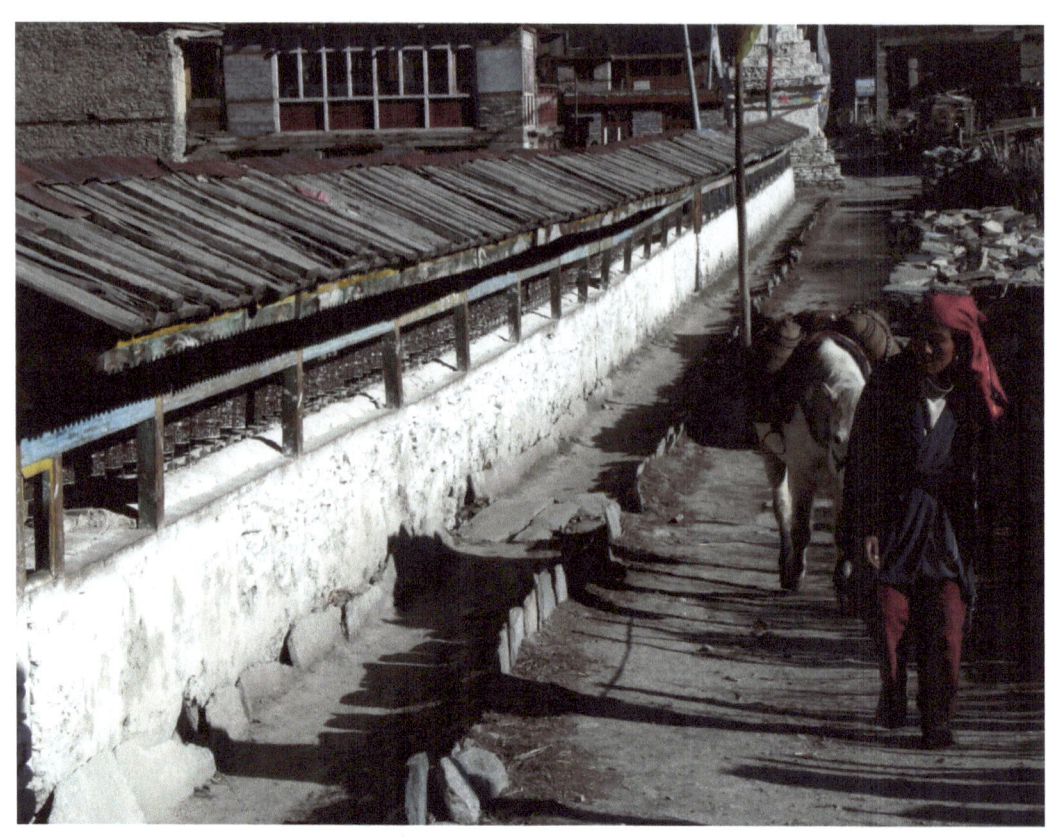

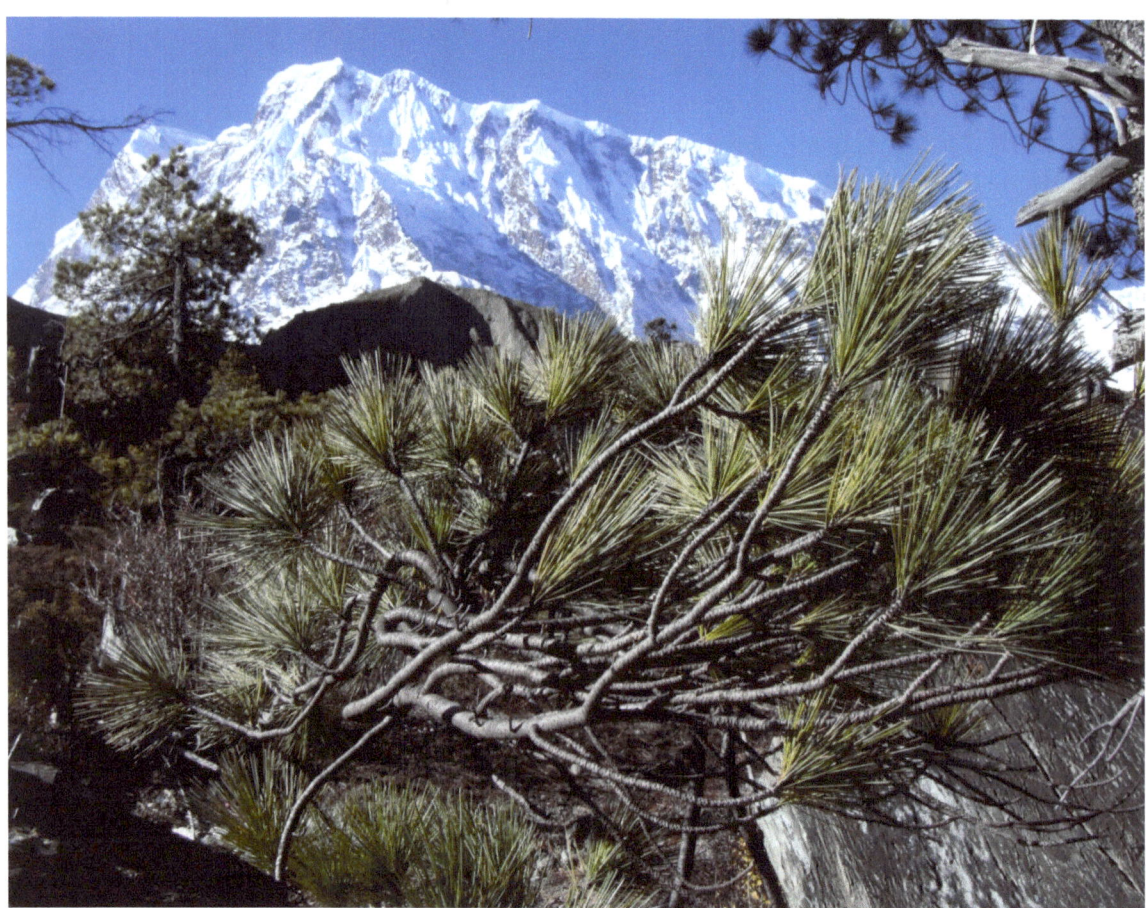

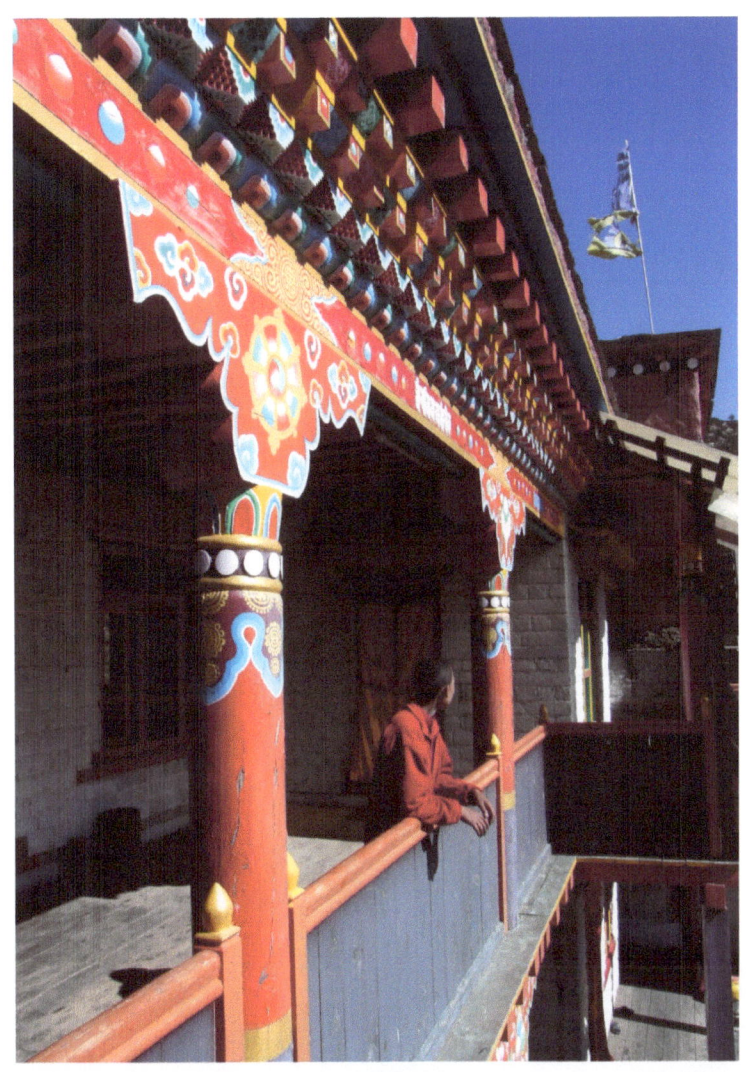

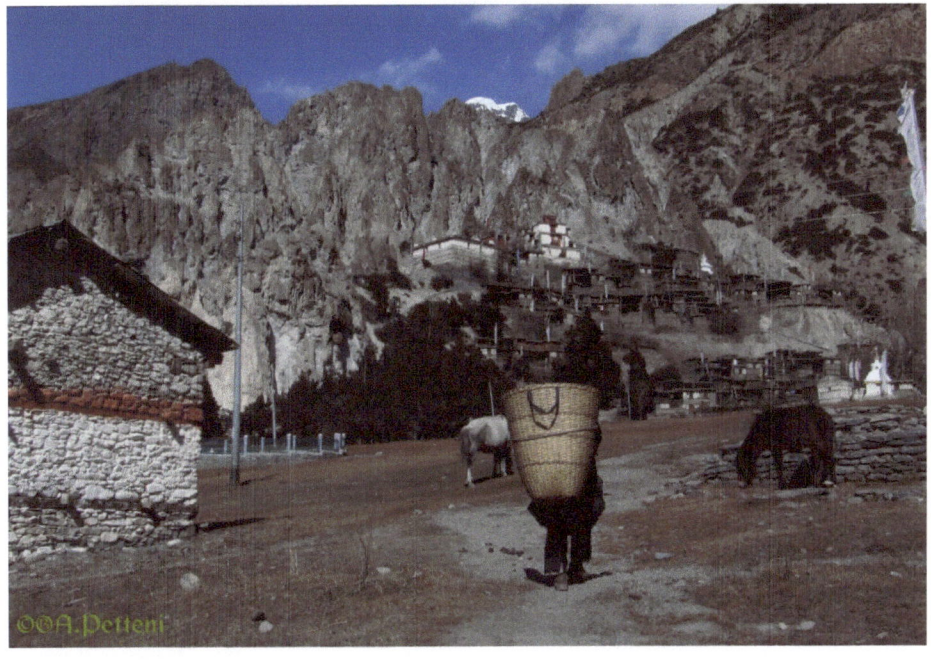

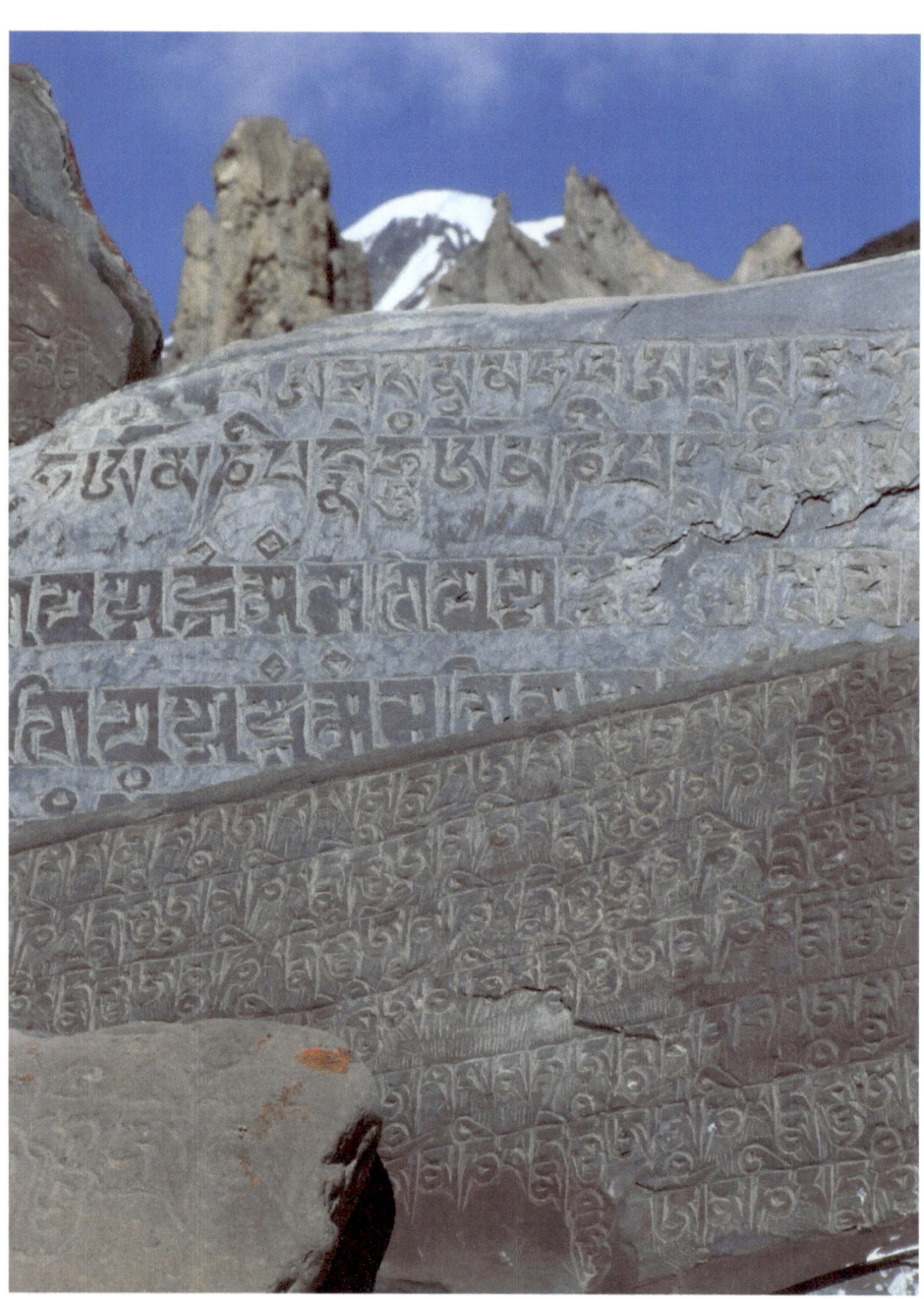

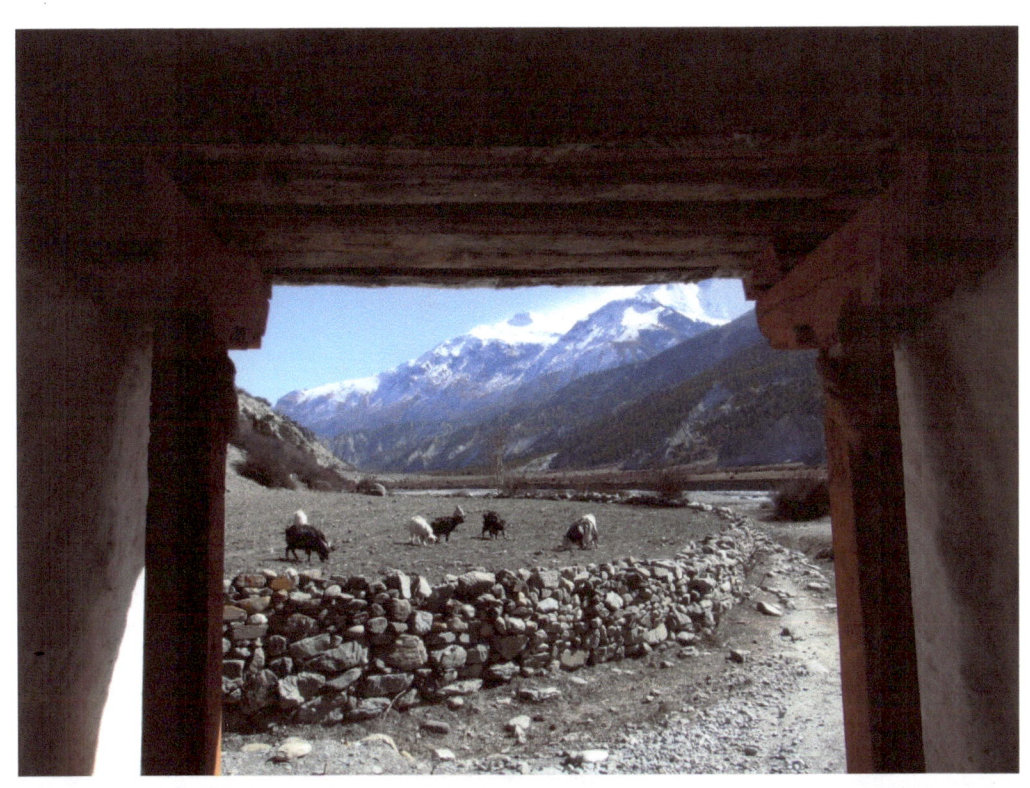

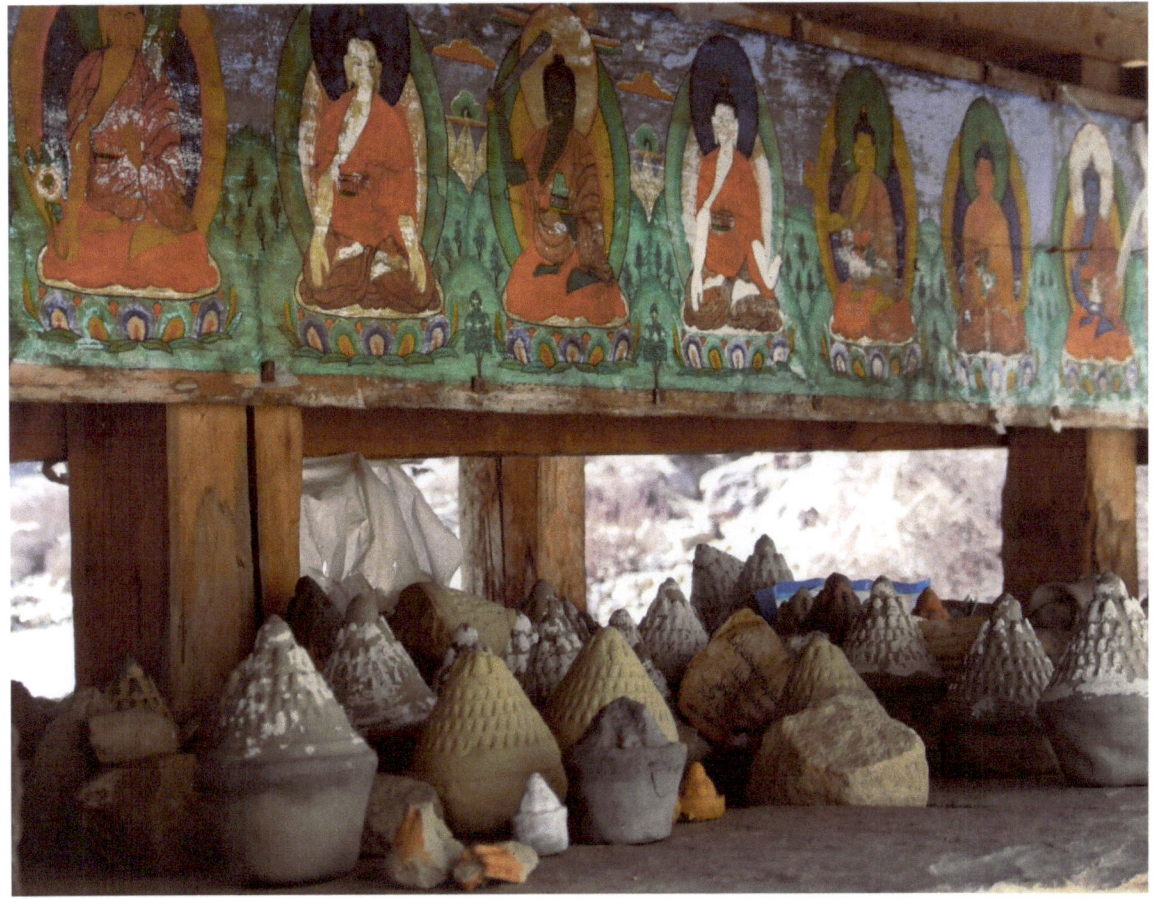

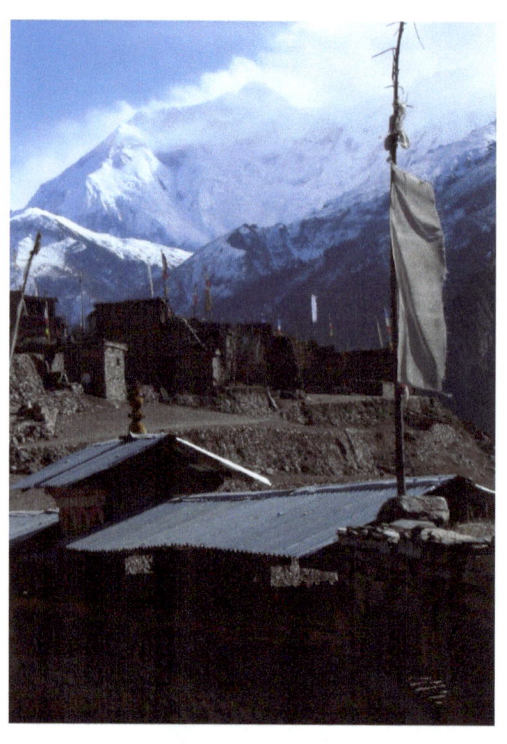

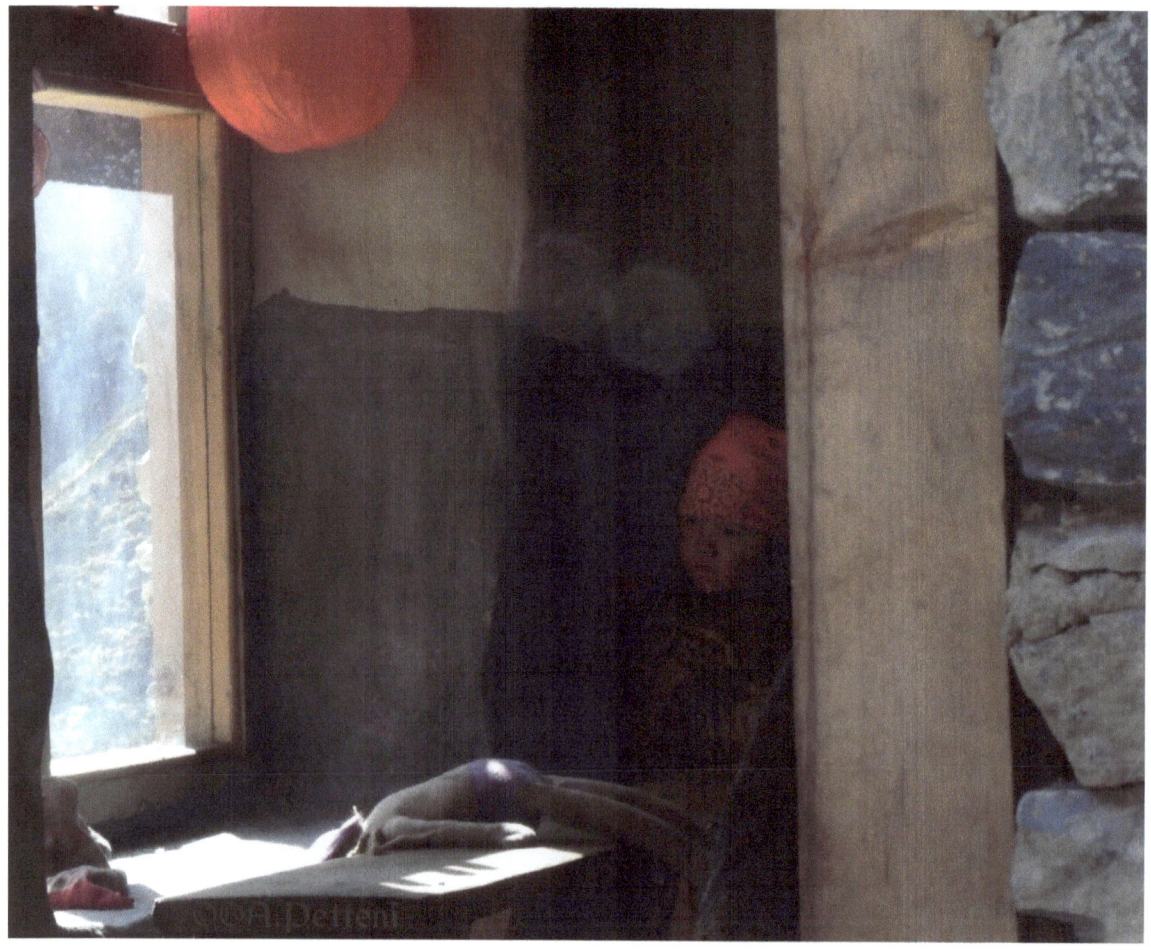

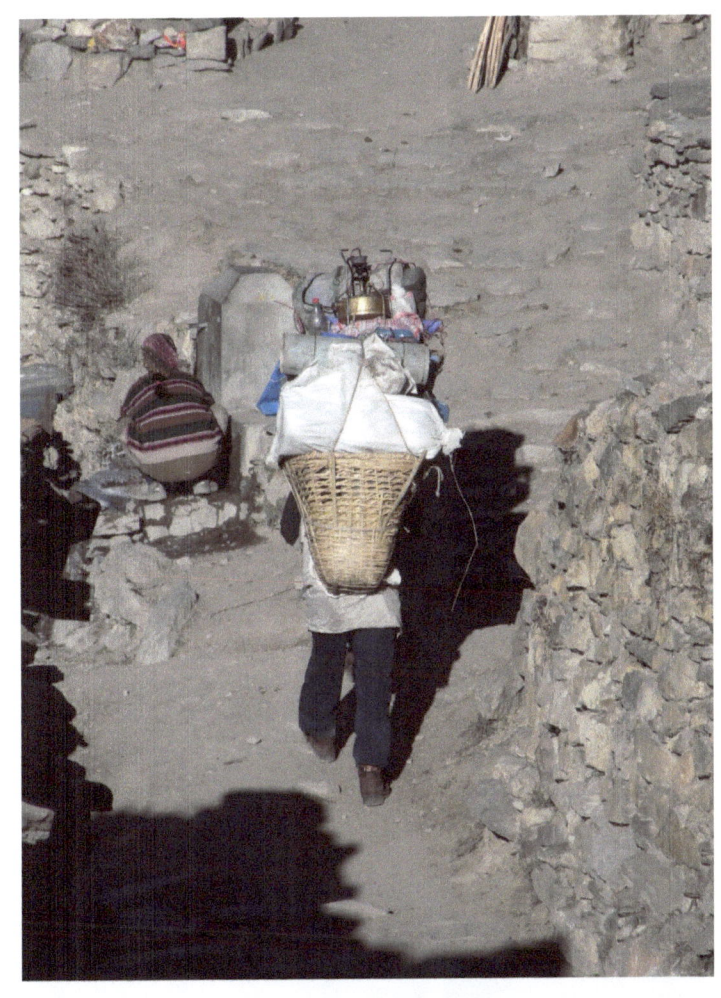

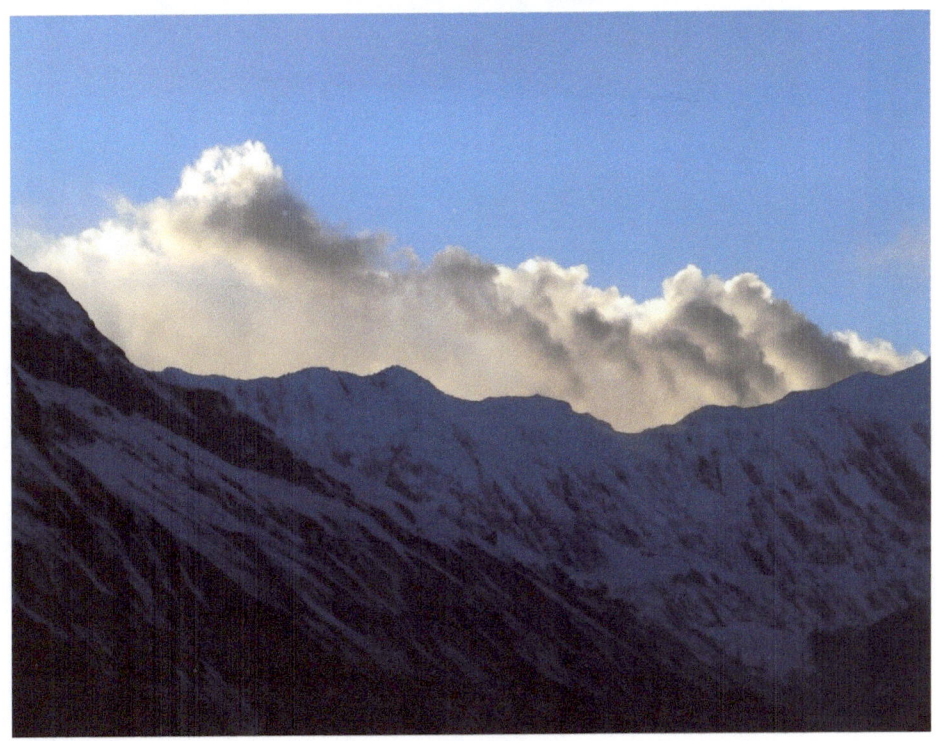

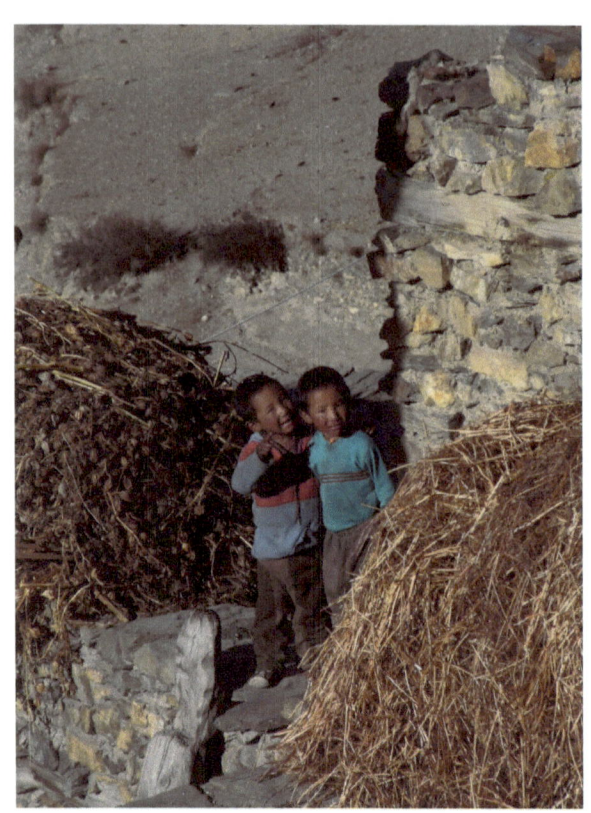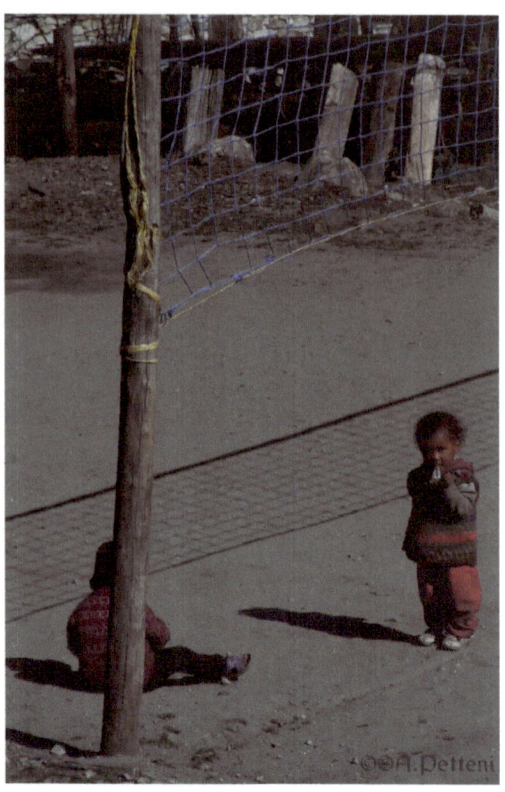

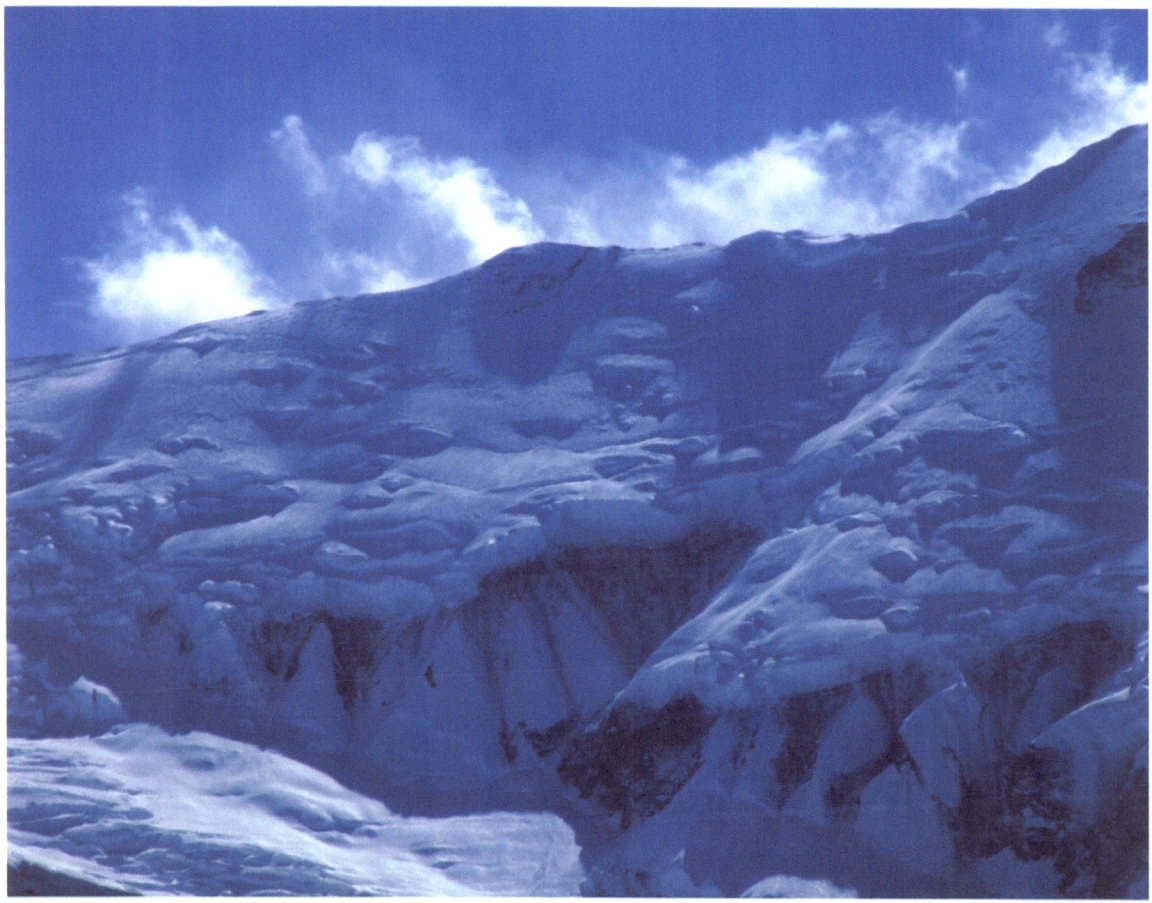

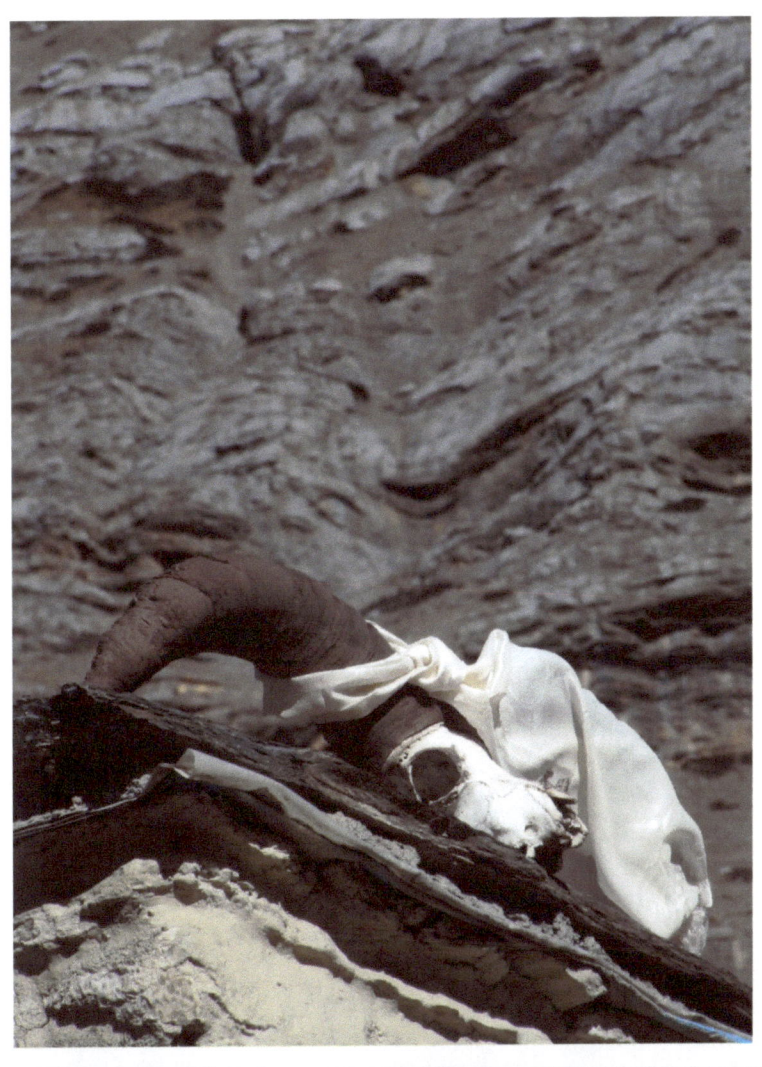

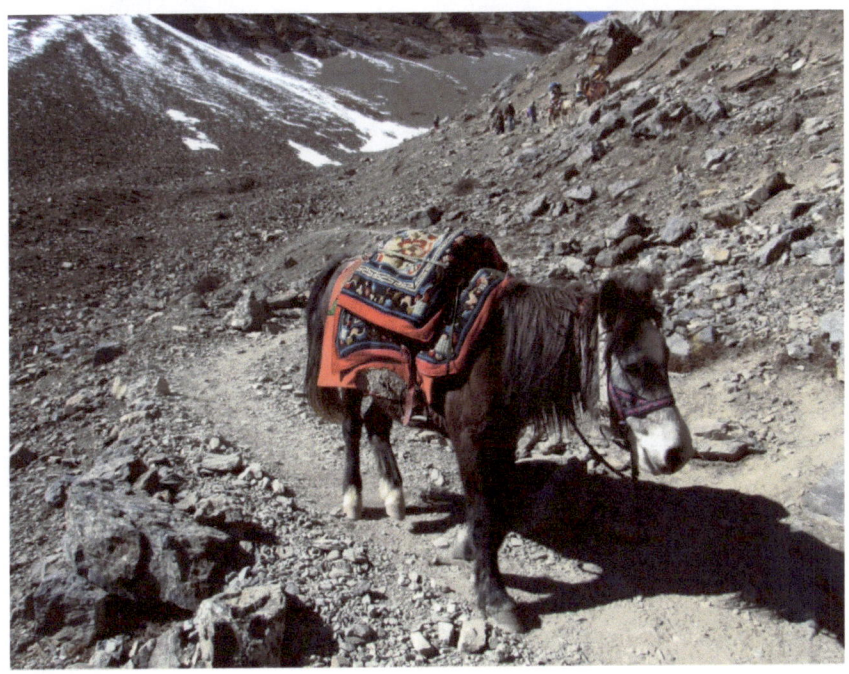

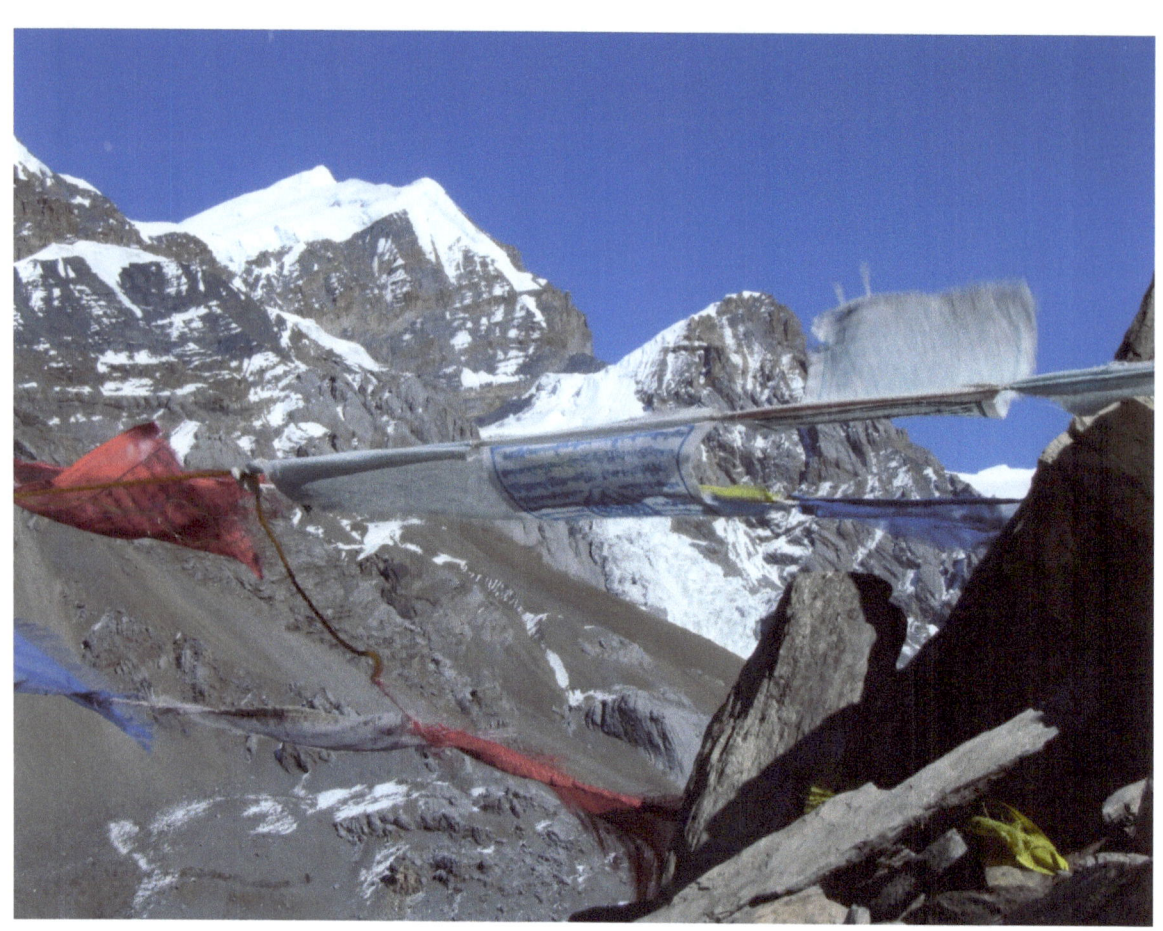

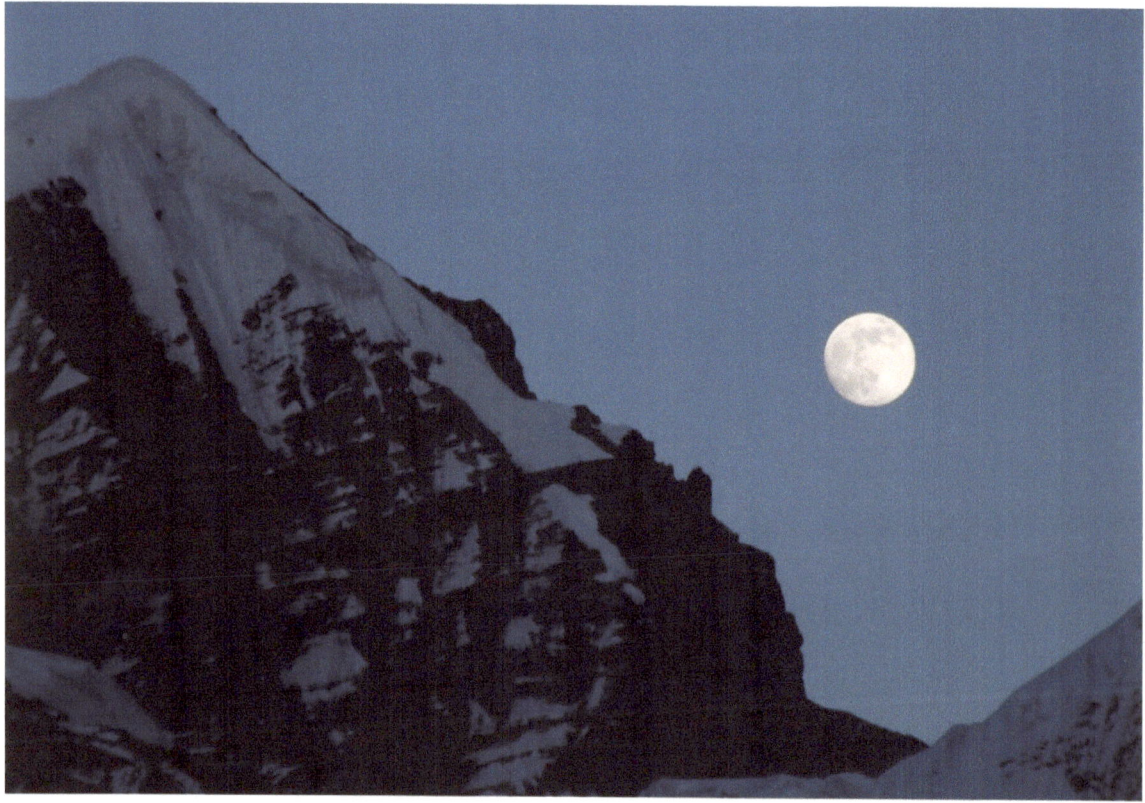

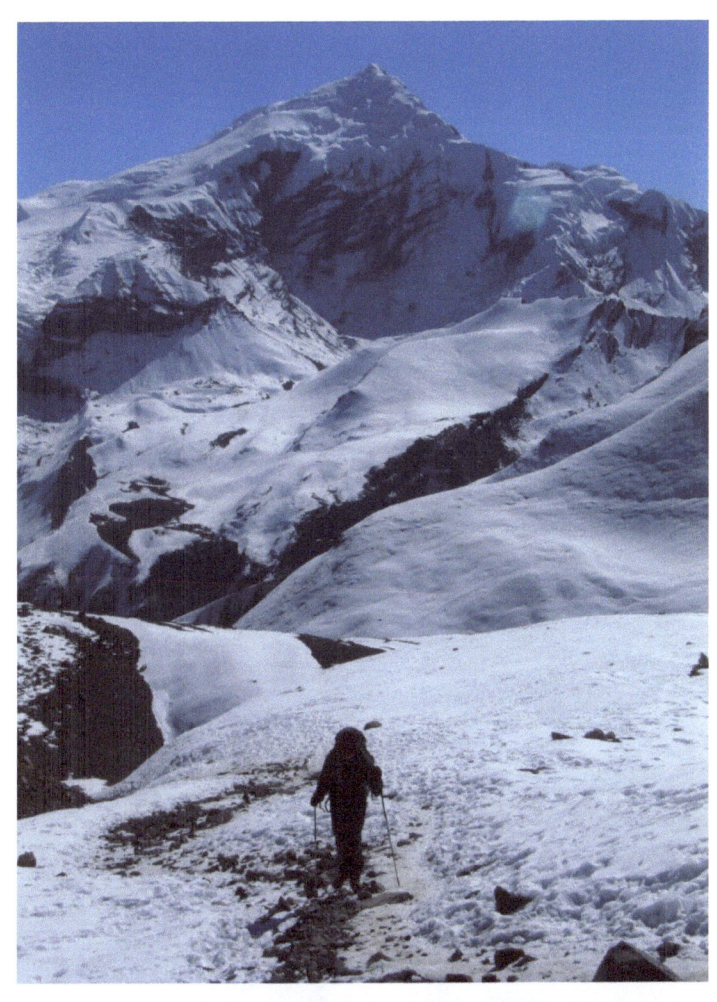

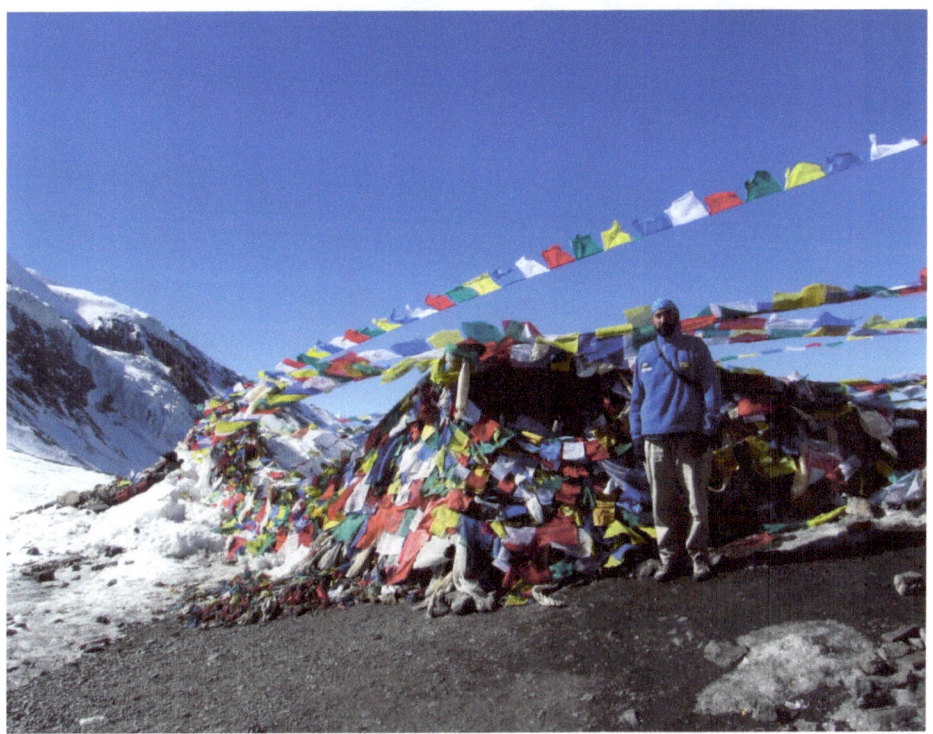

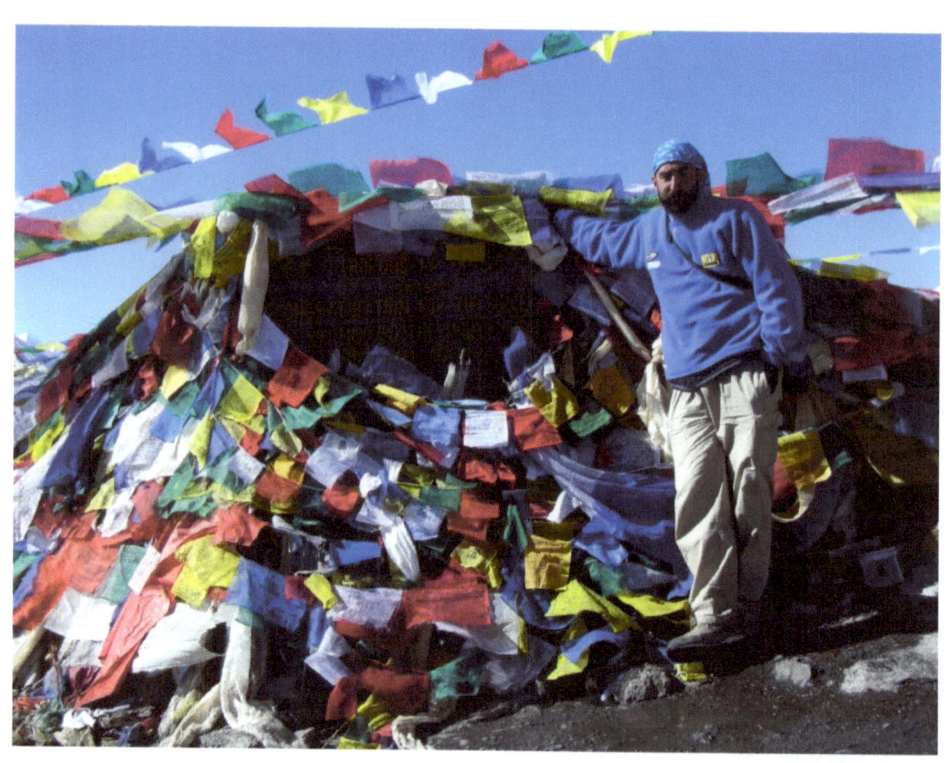

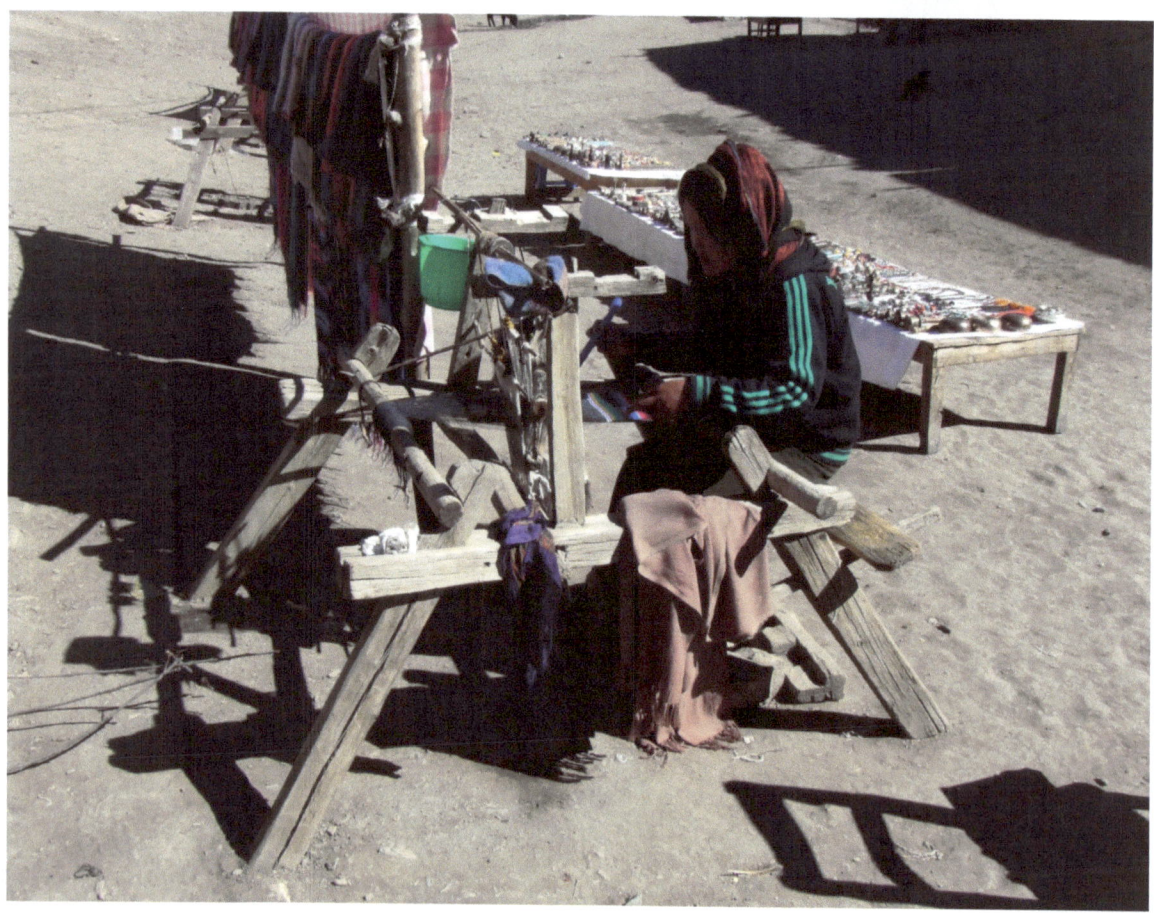

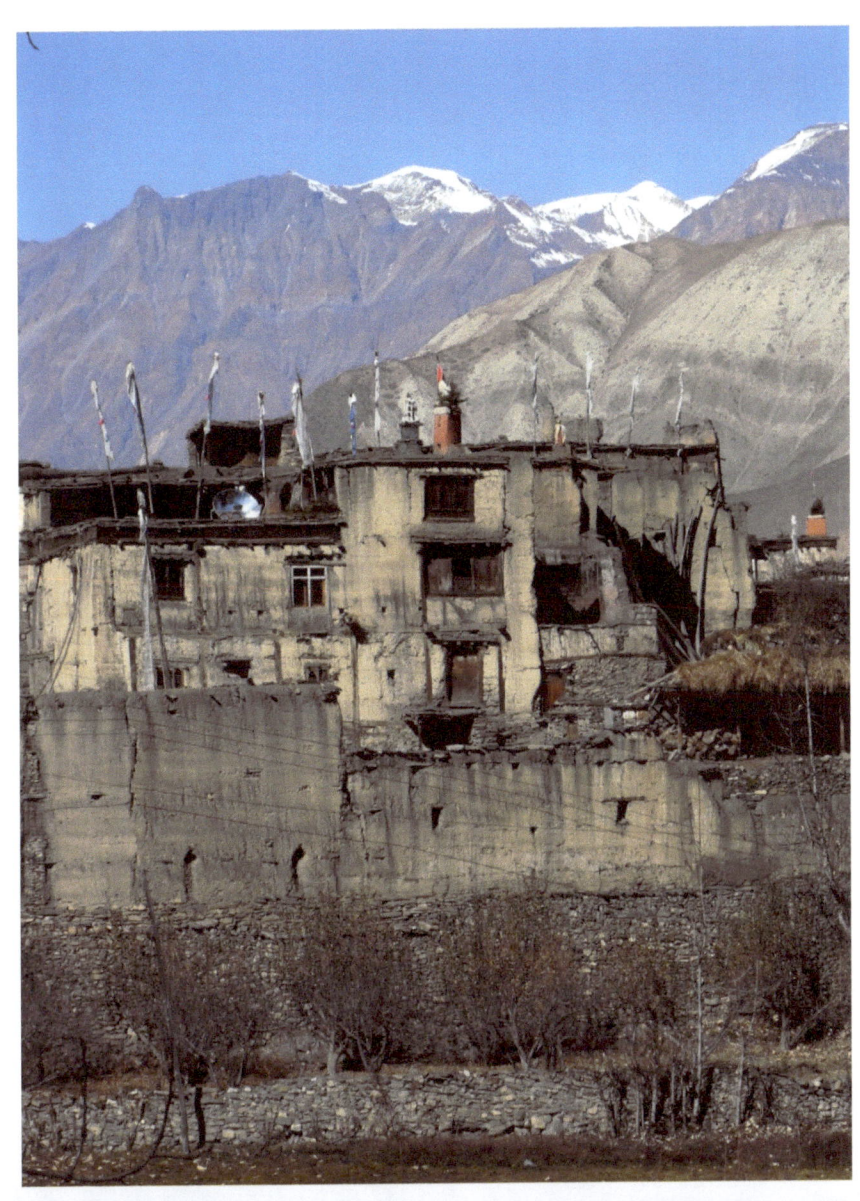

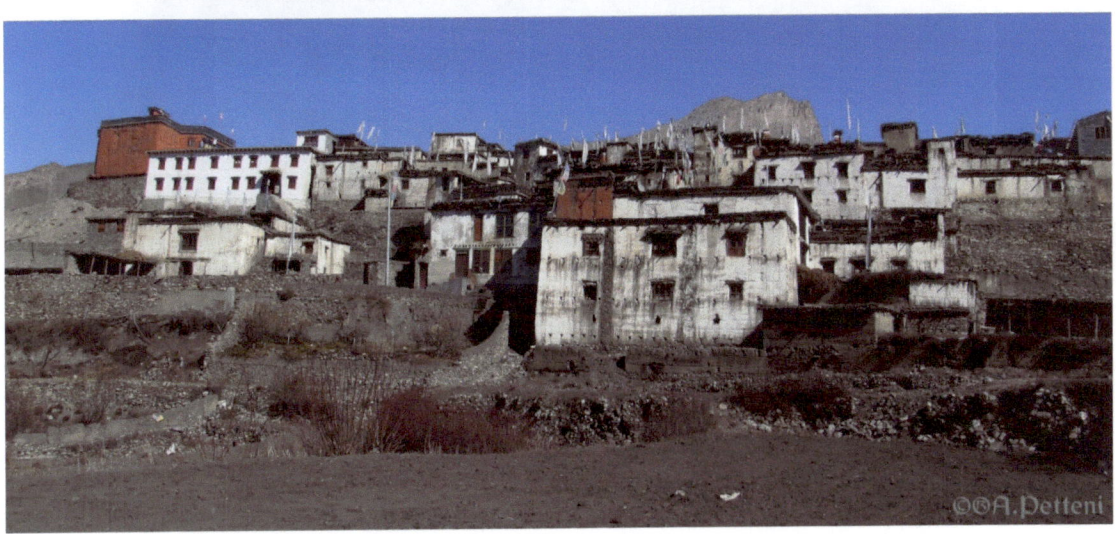

©®A.Petteni

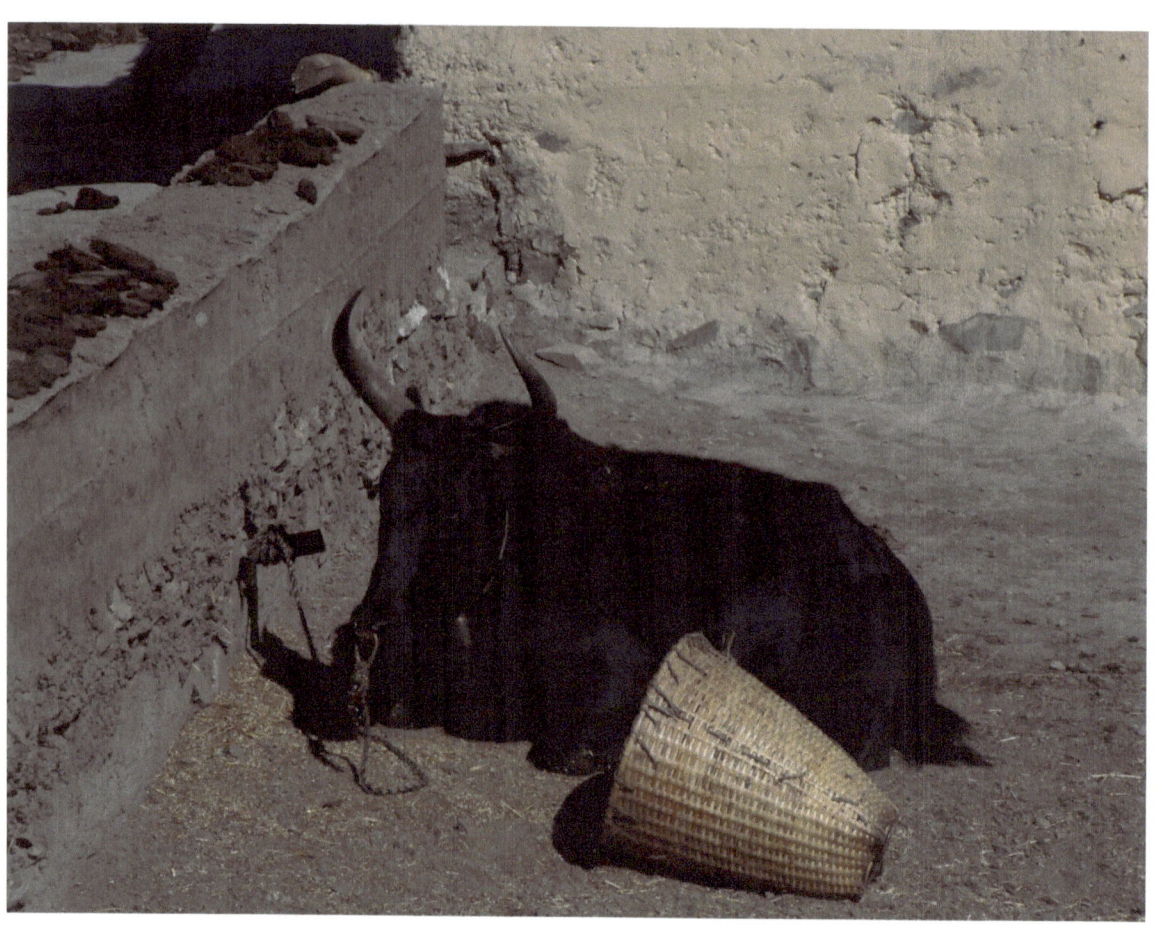

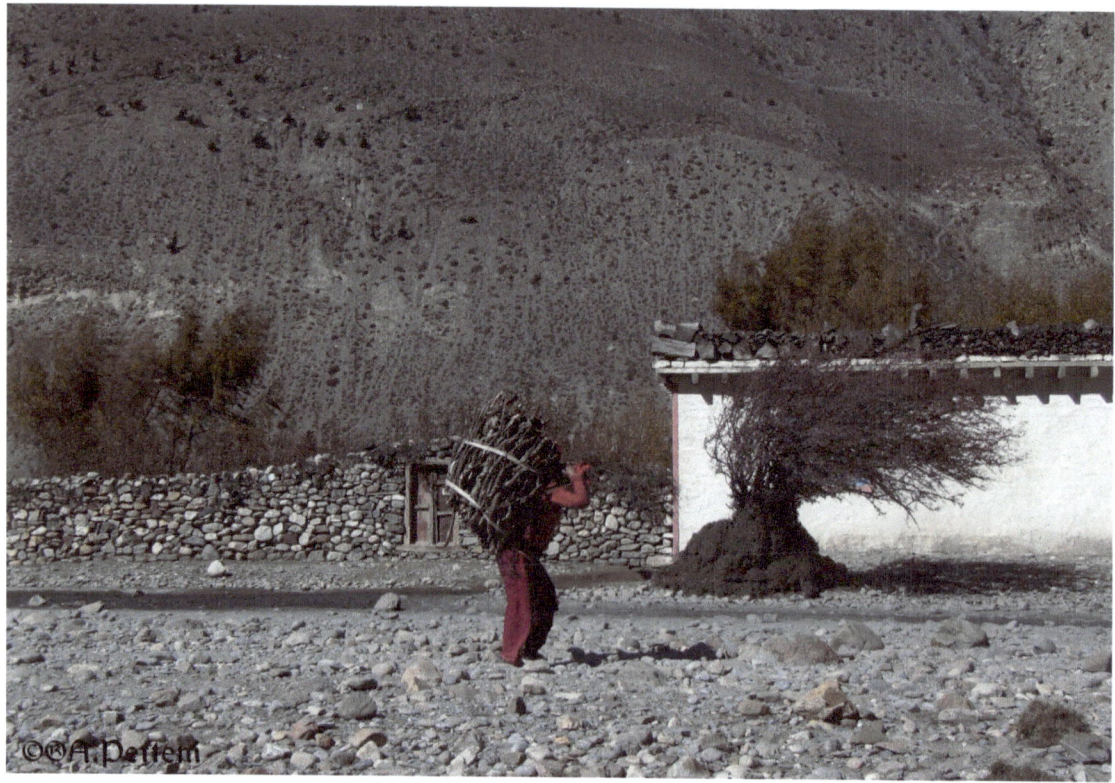

©®A.Peffem

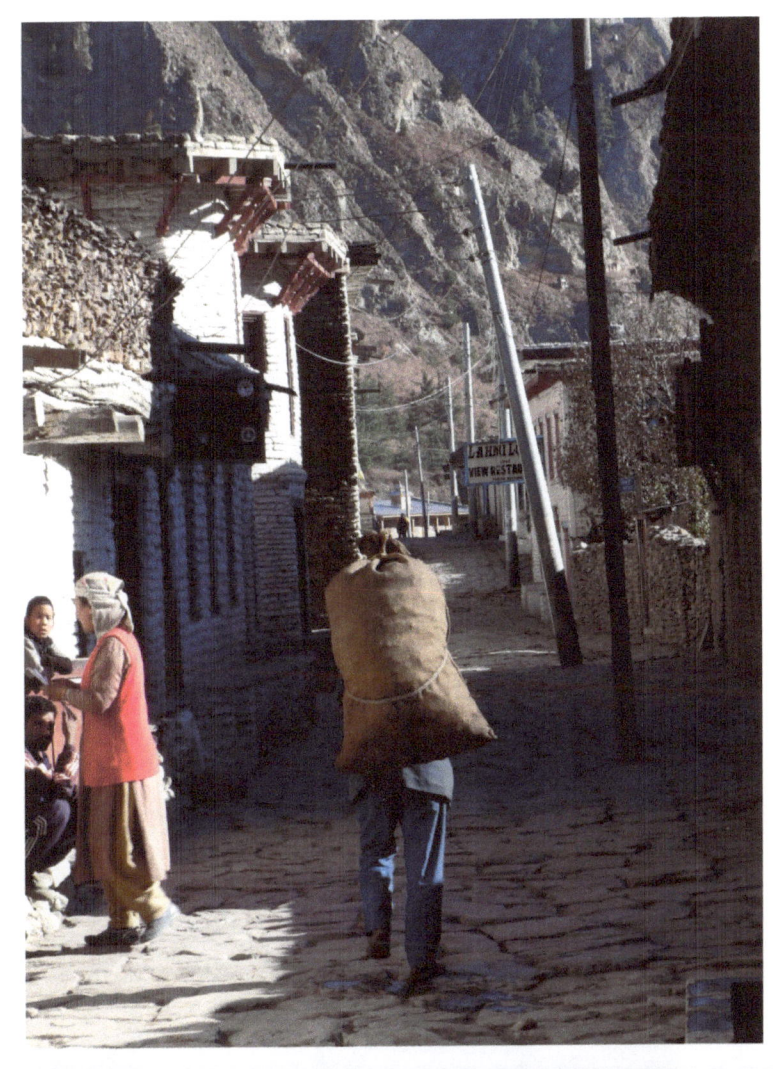

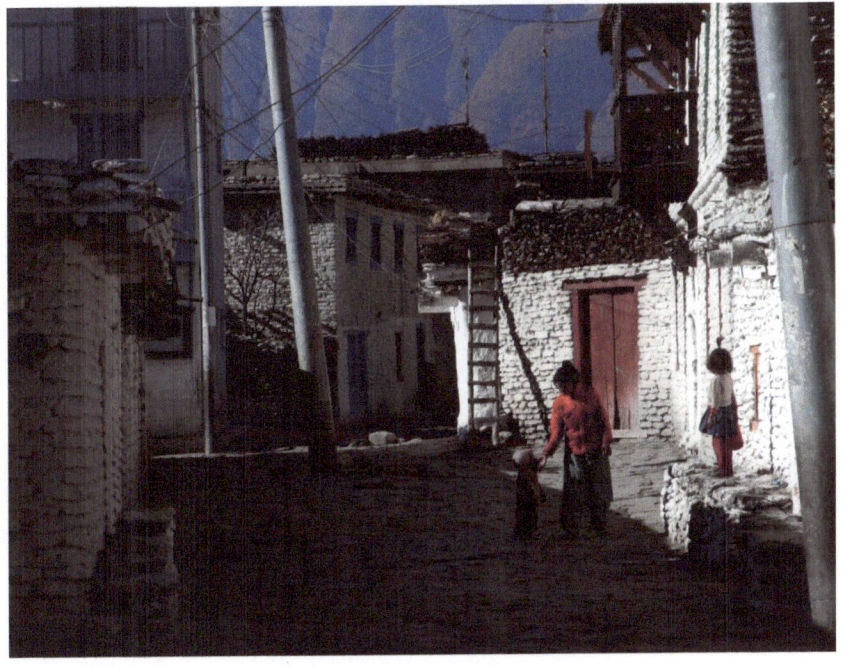

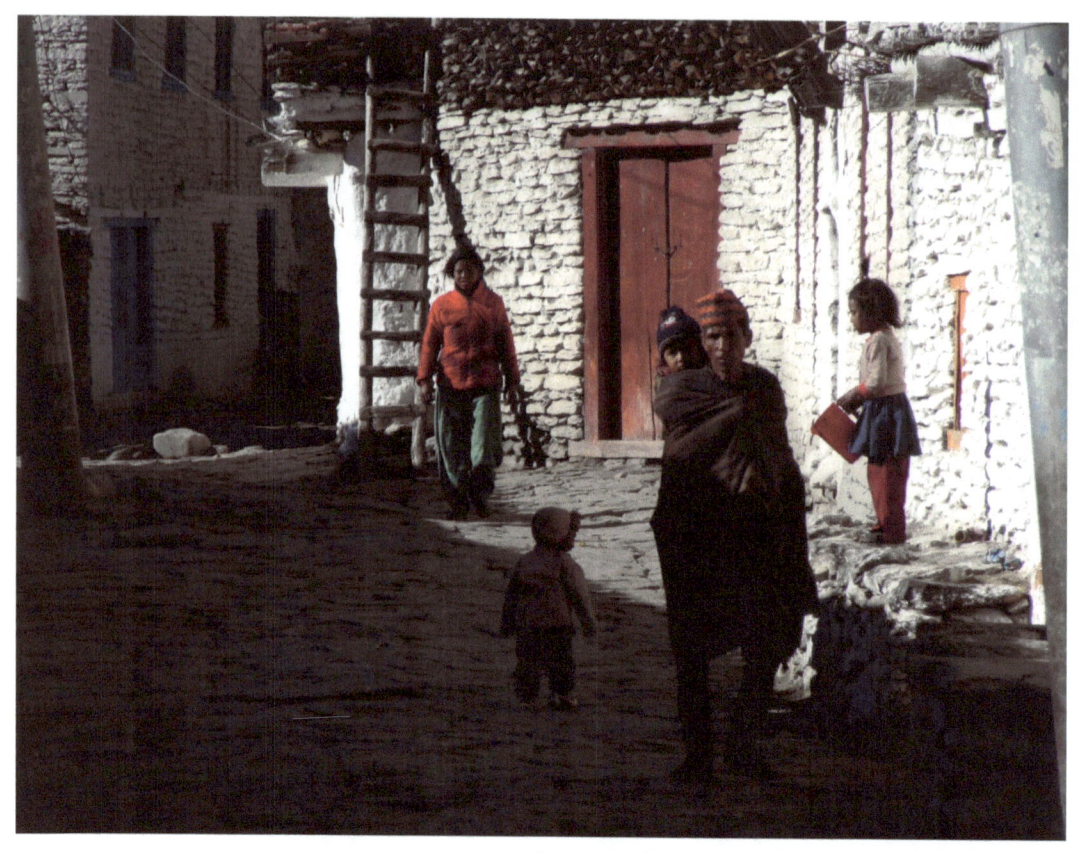

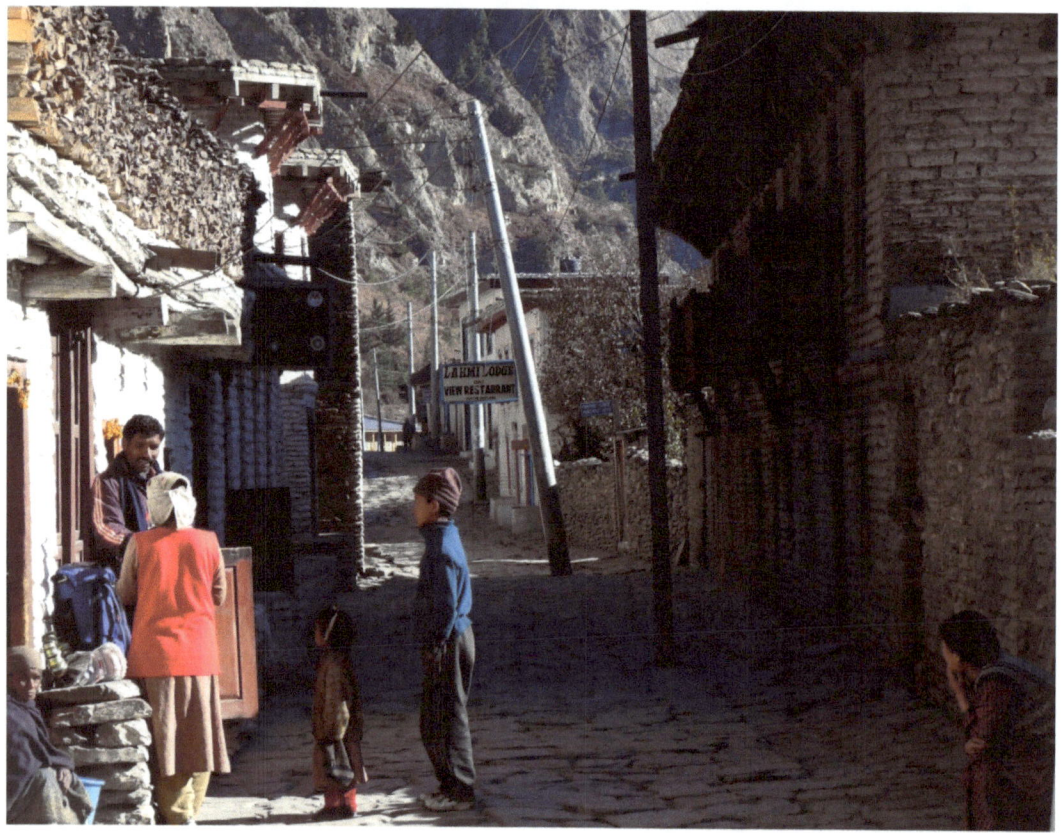

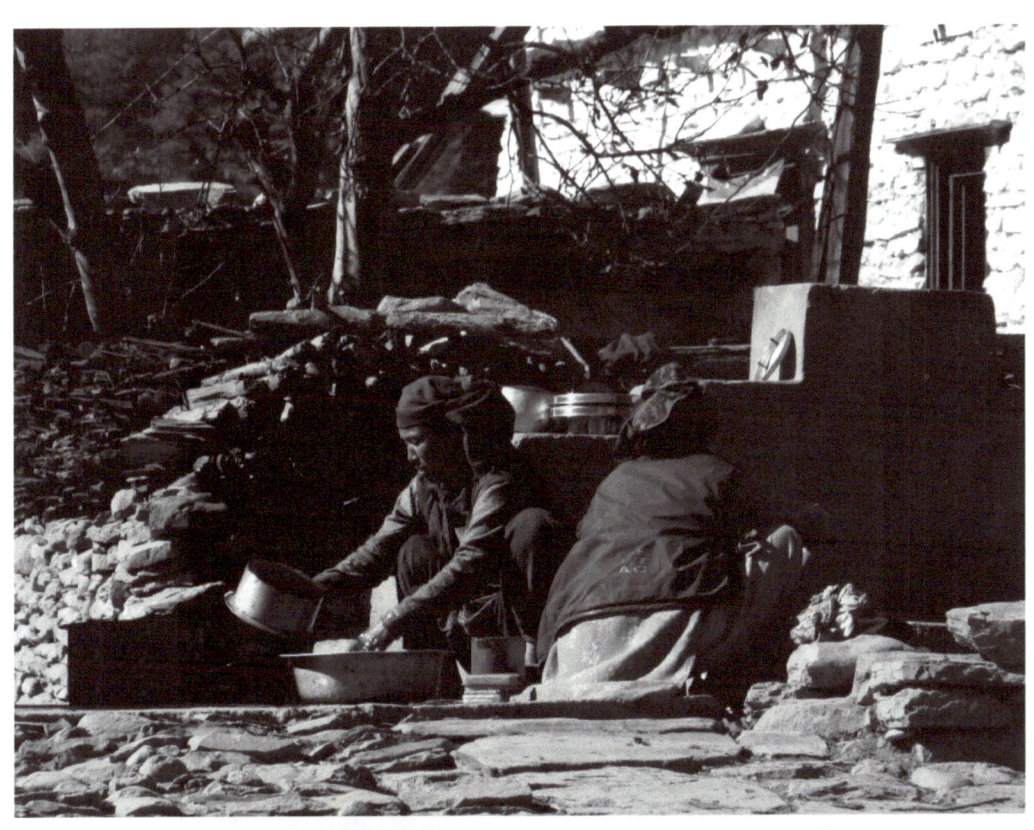

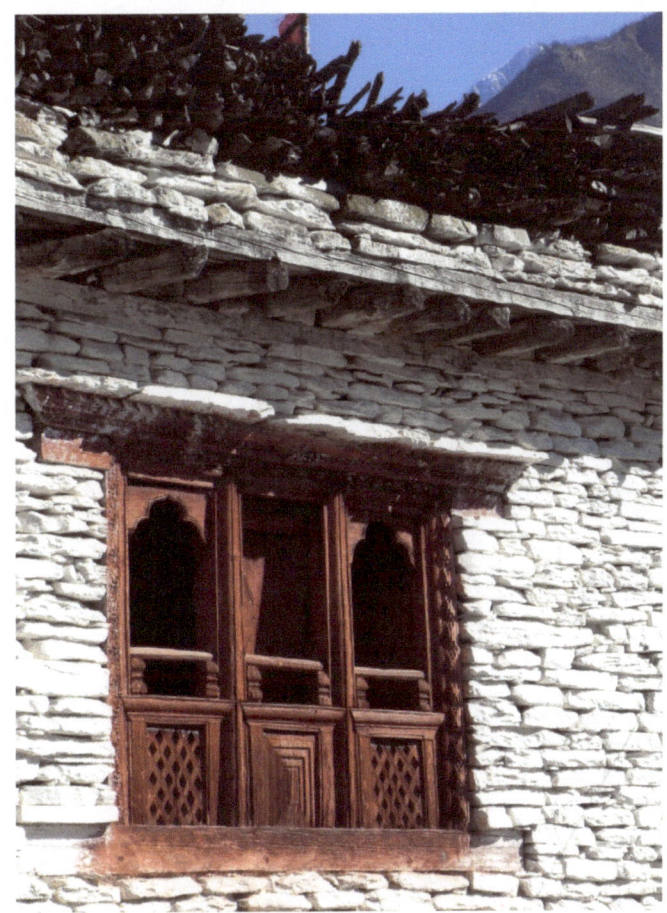

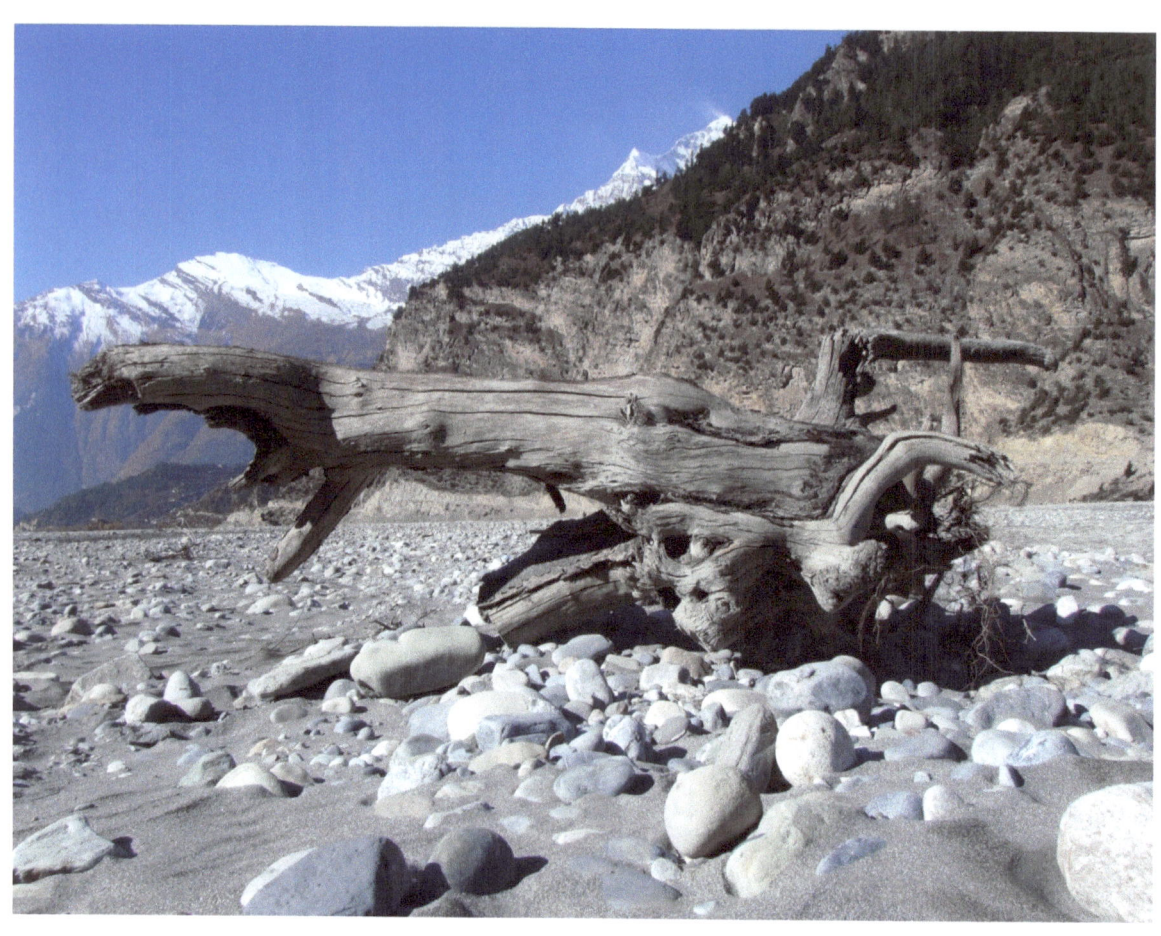

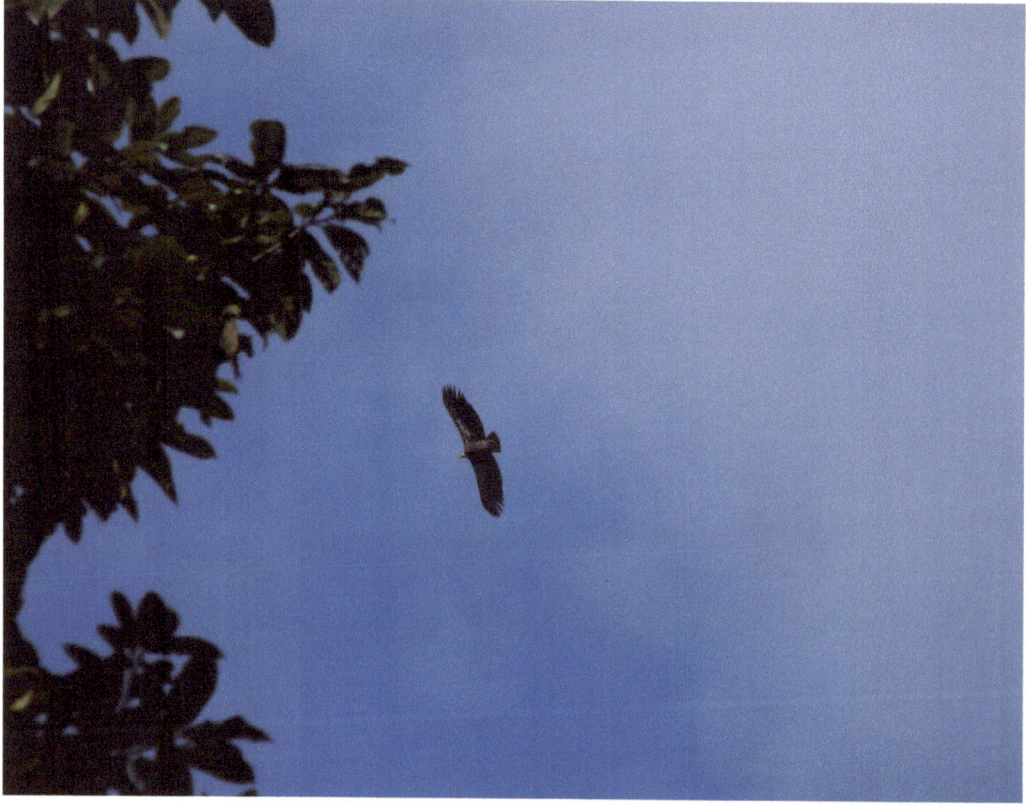

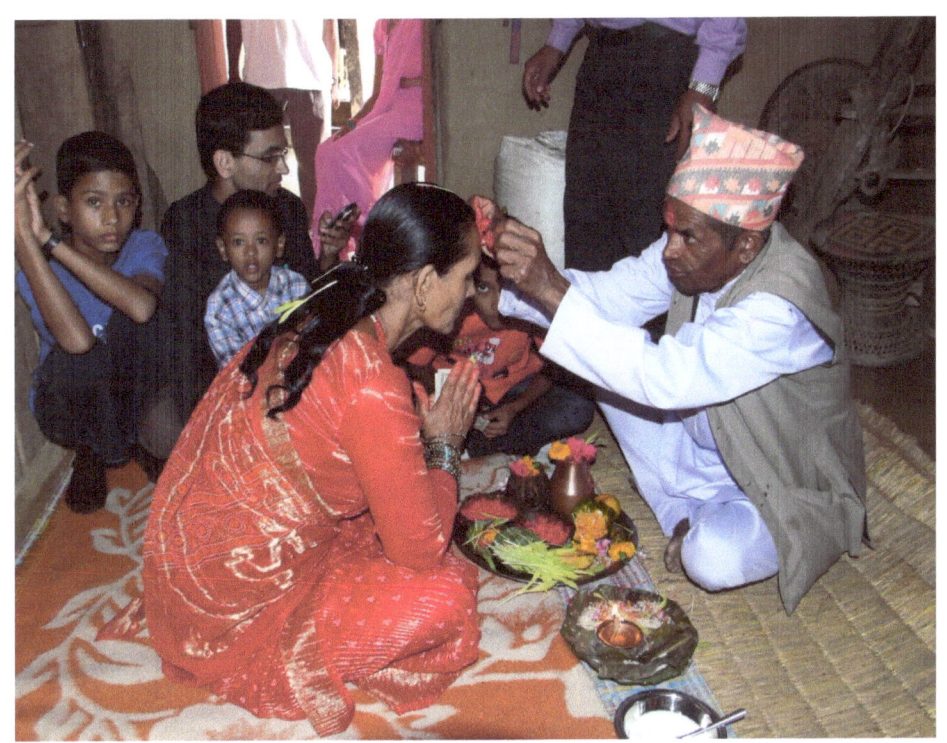

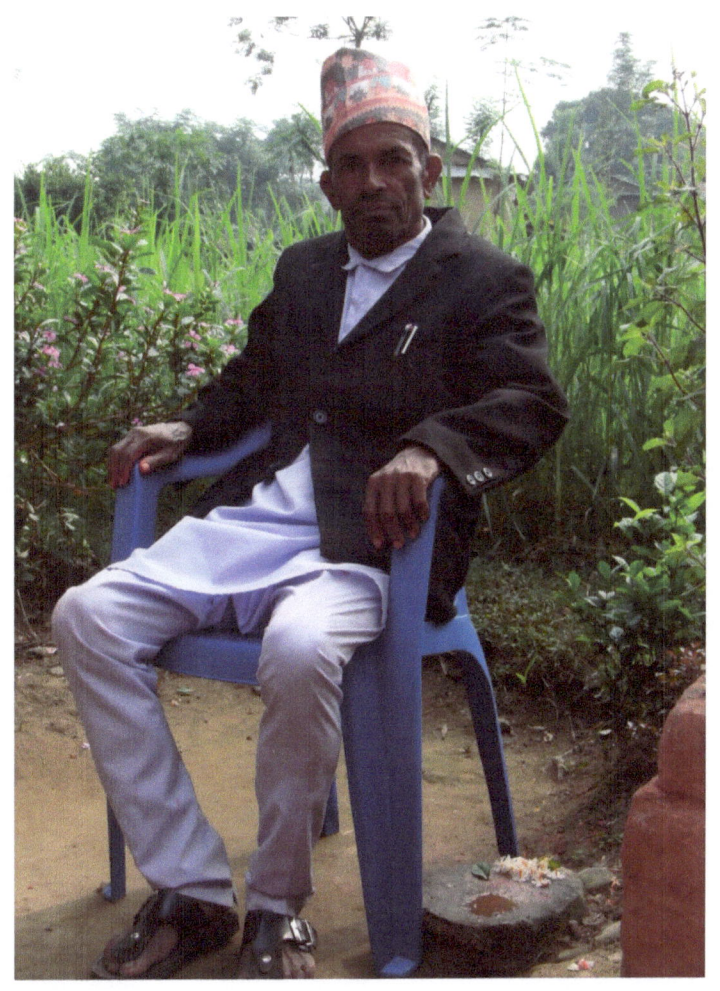

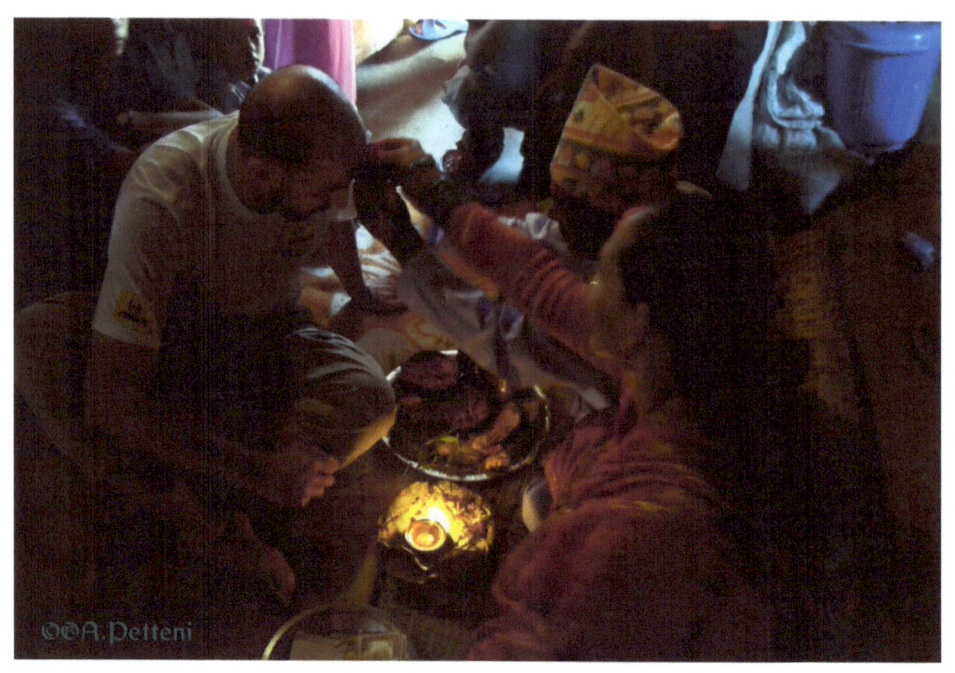

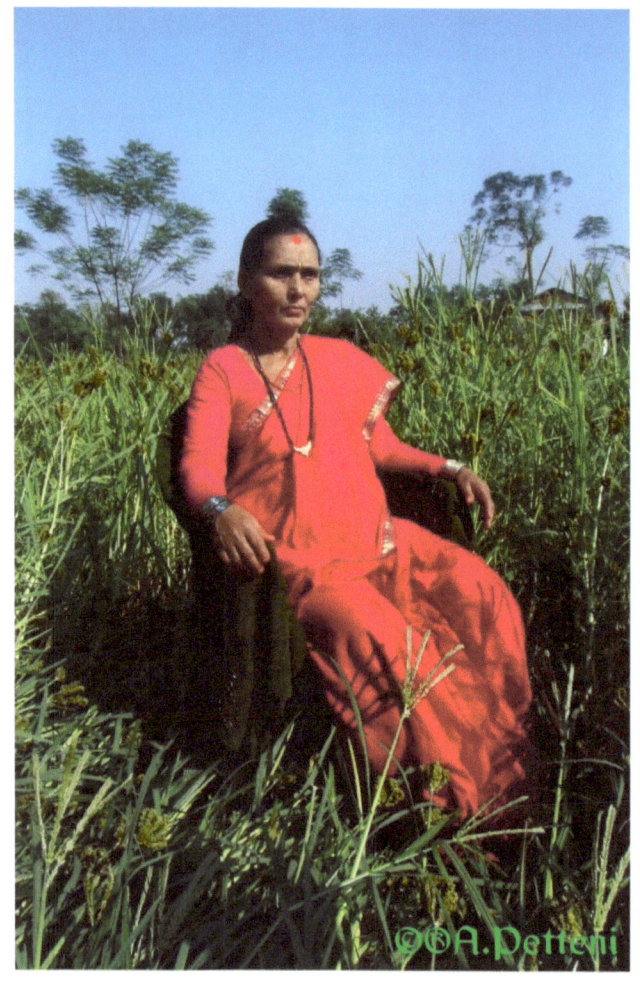

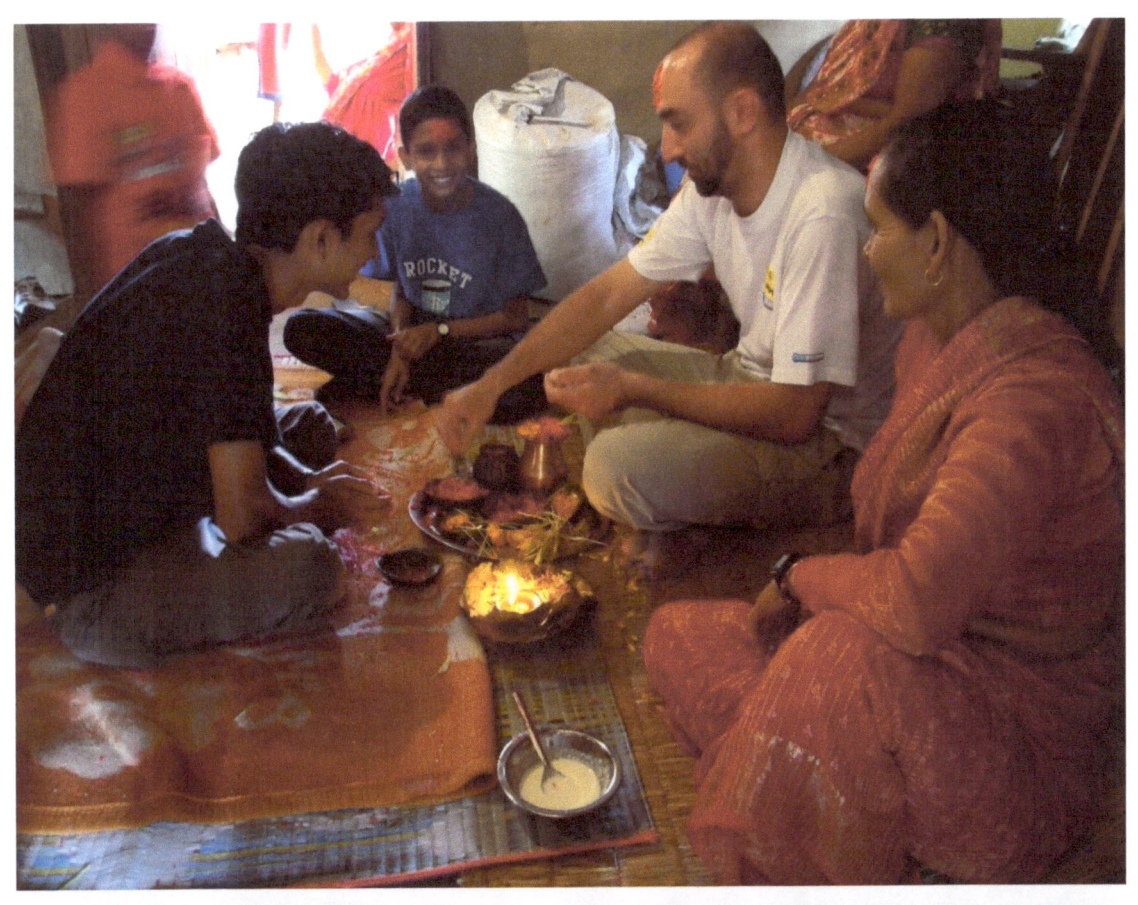

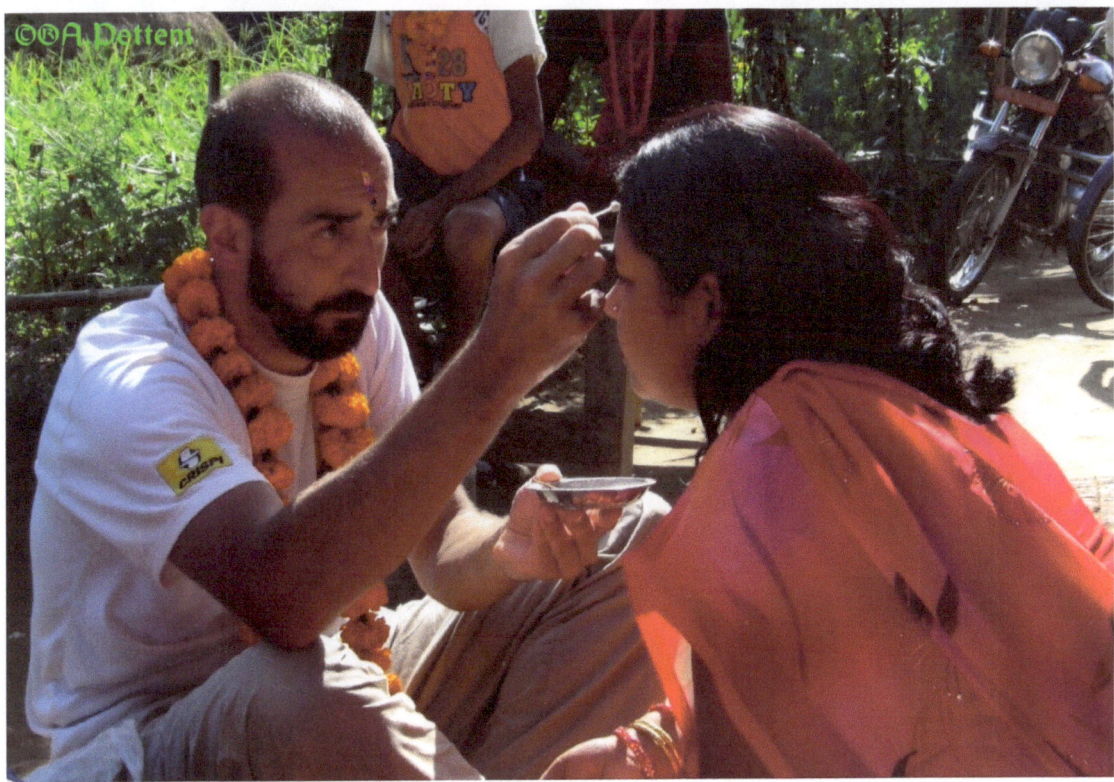

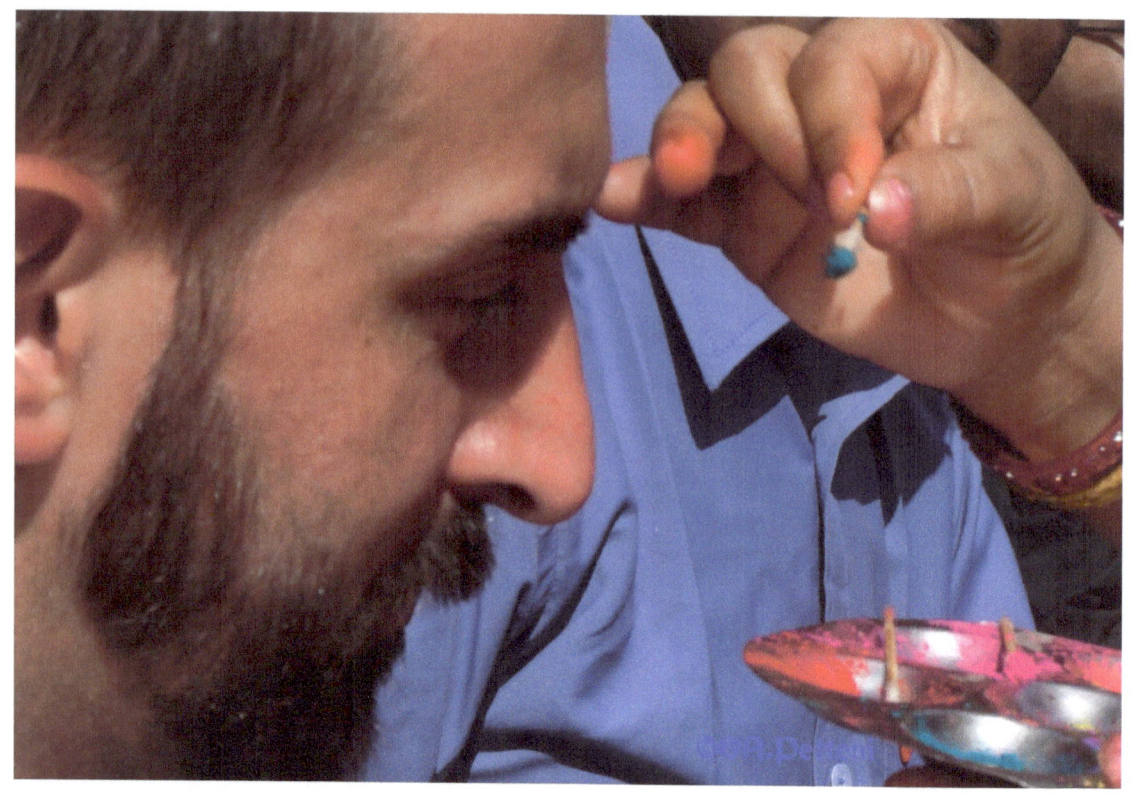

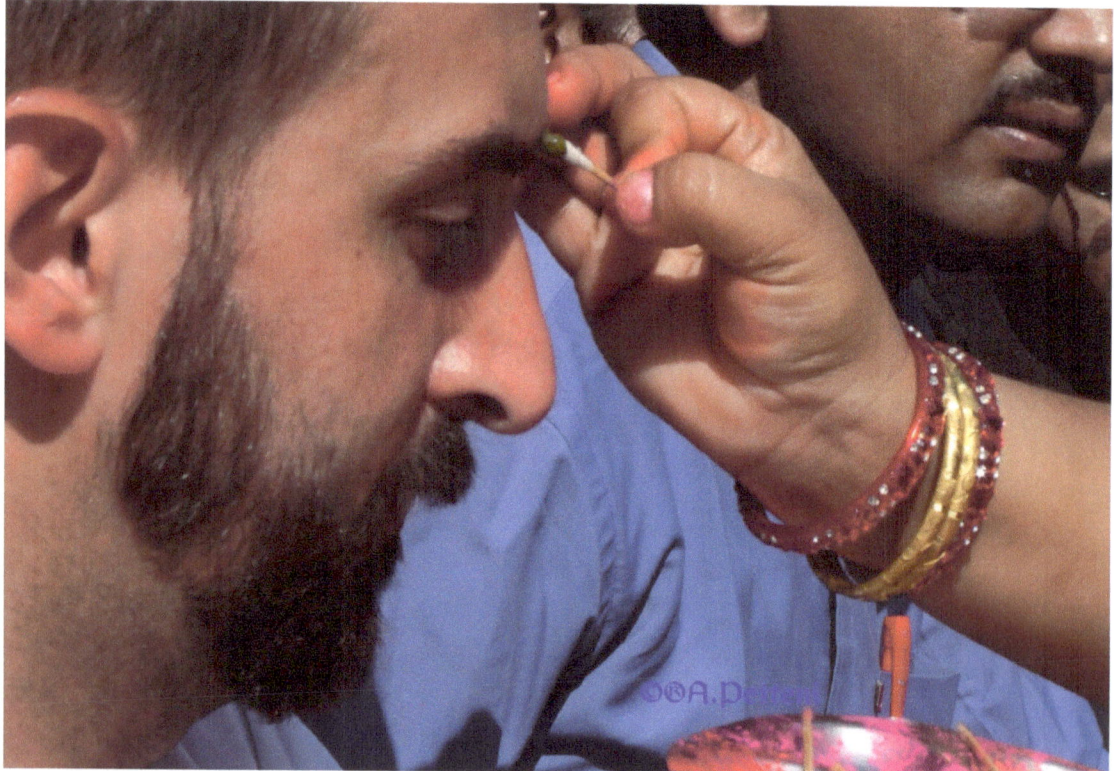

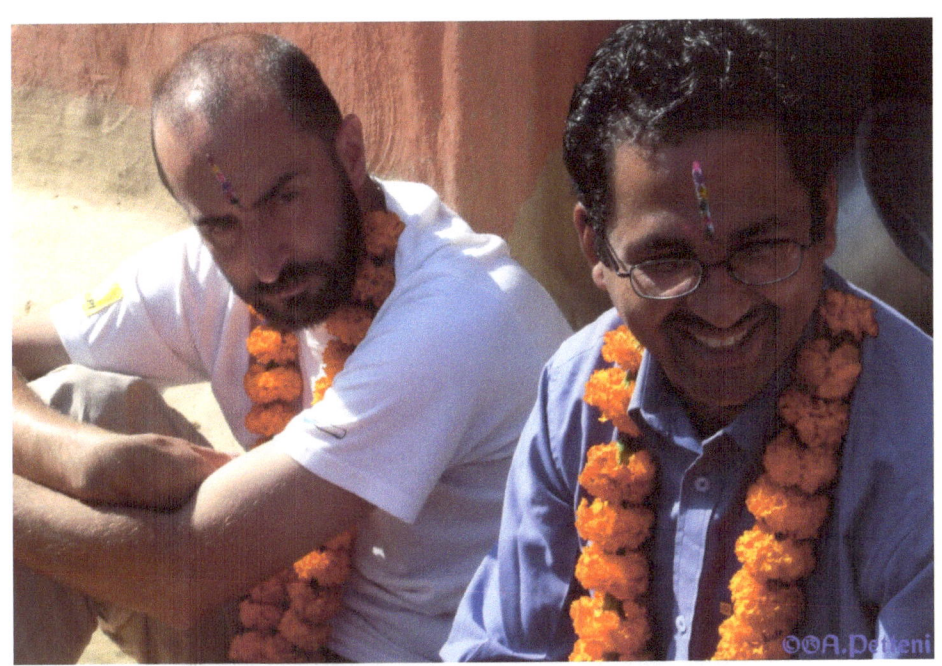

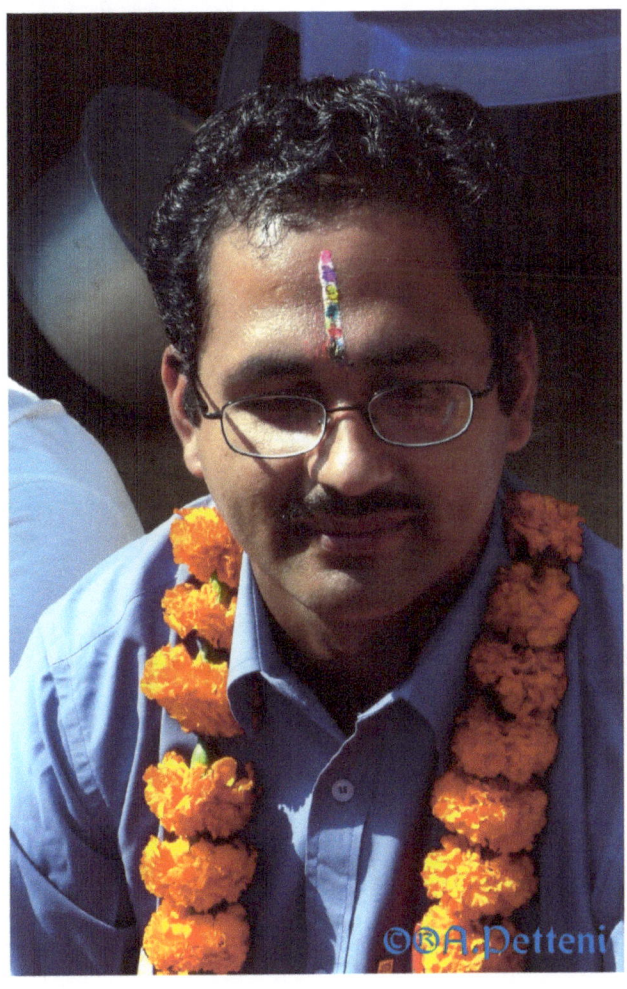

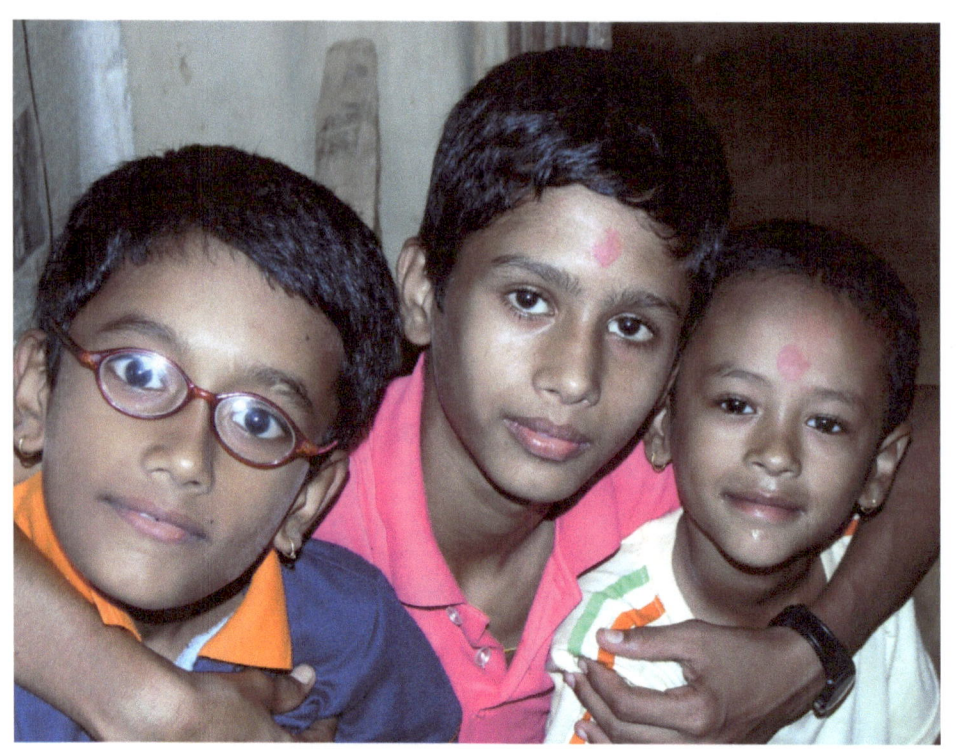

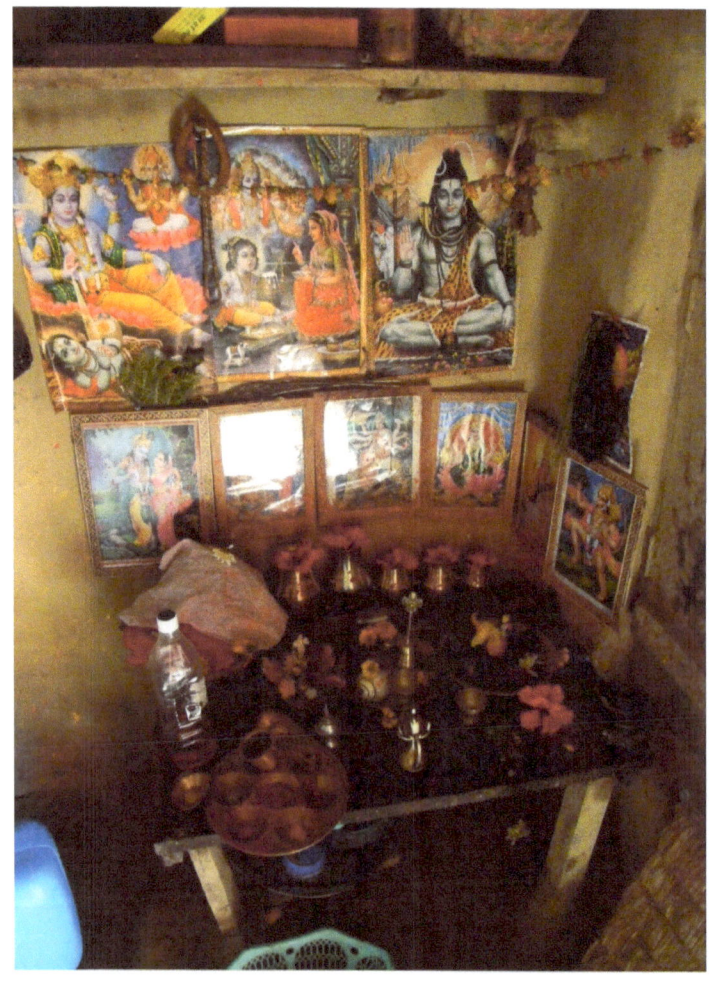

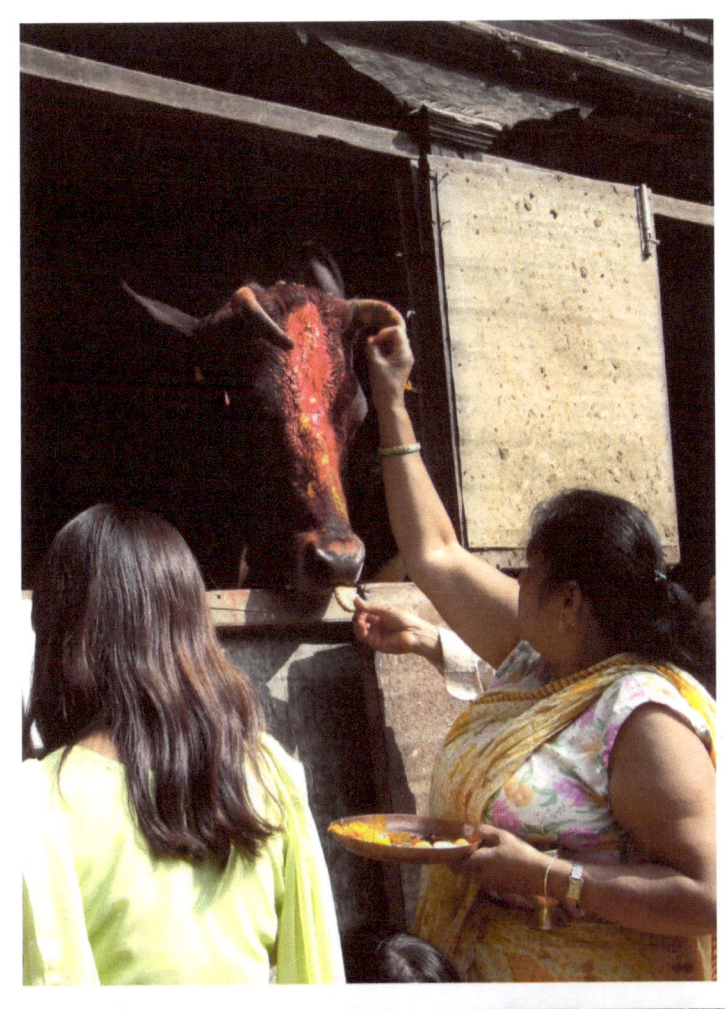

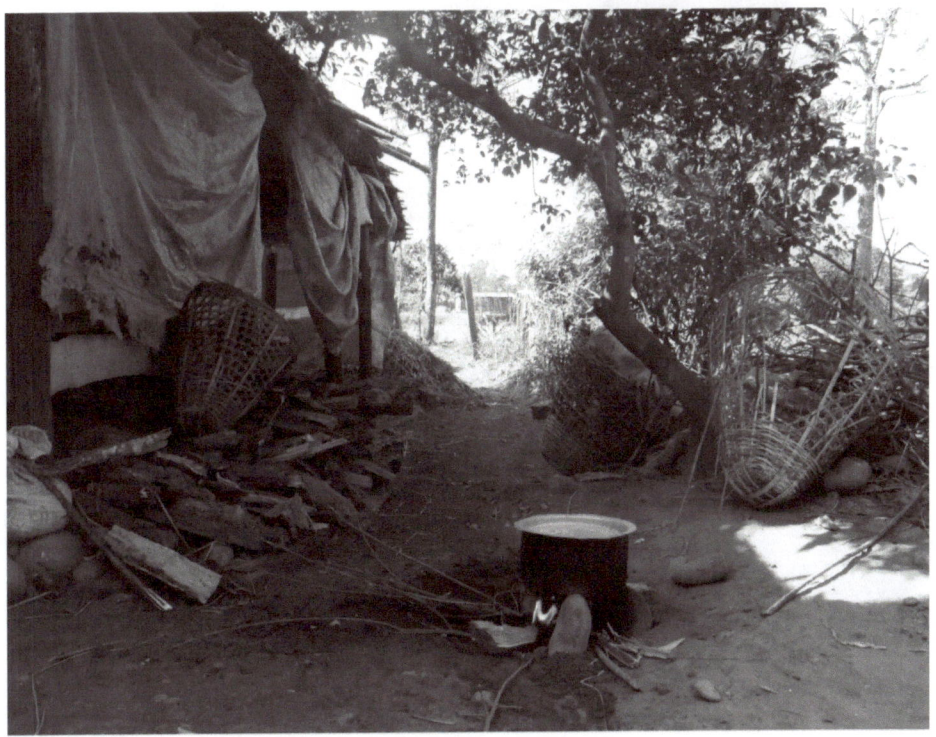

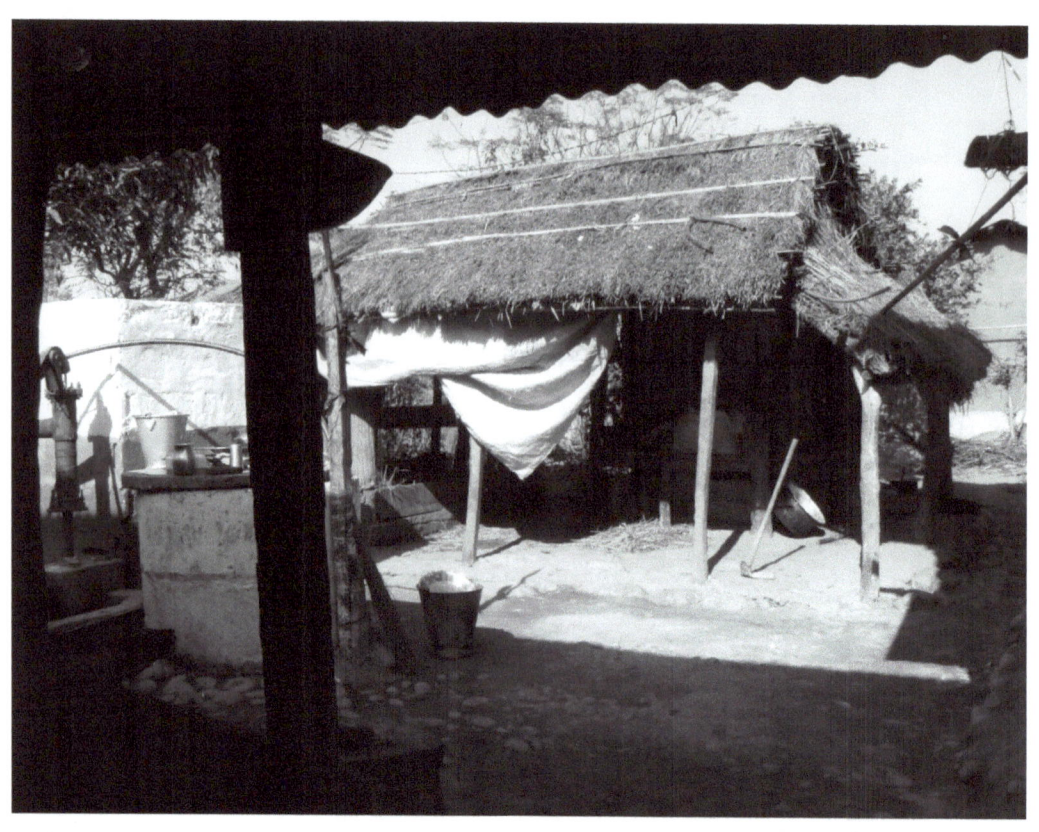

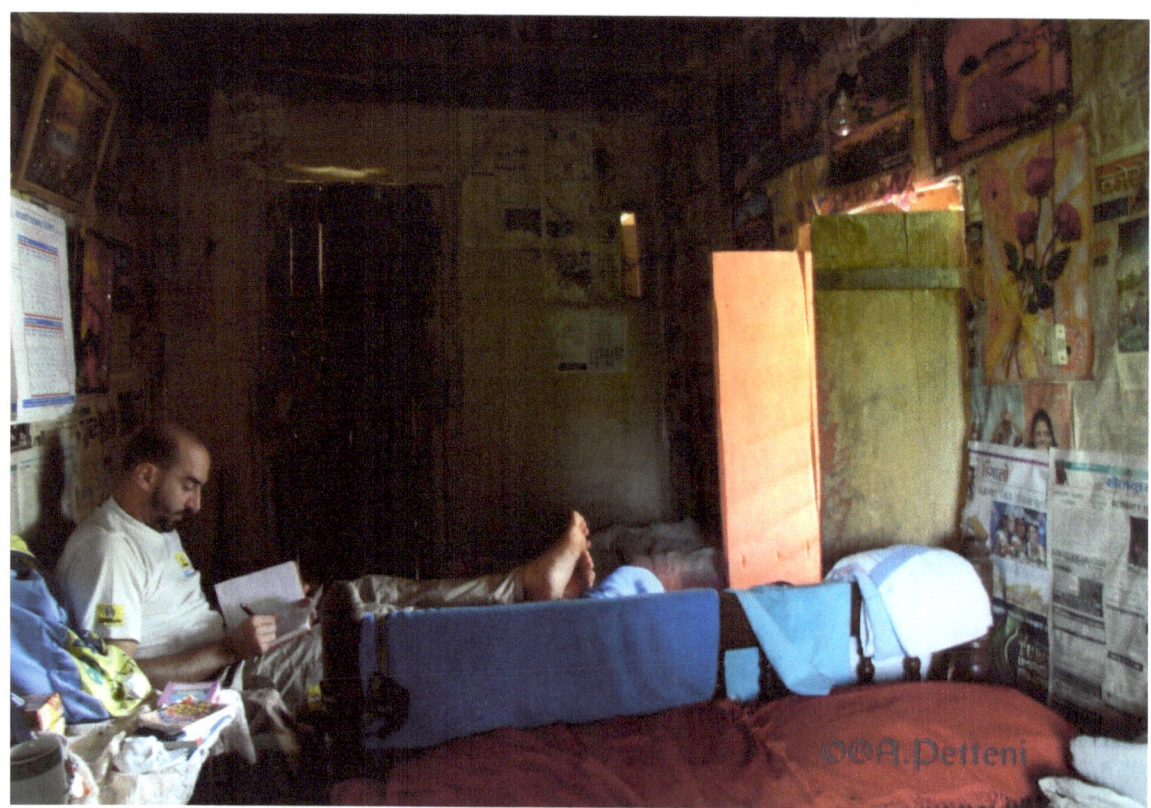

©©A.Petteni

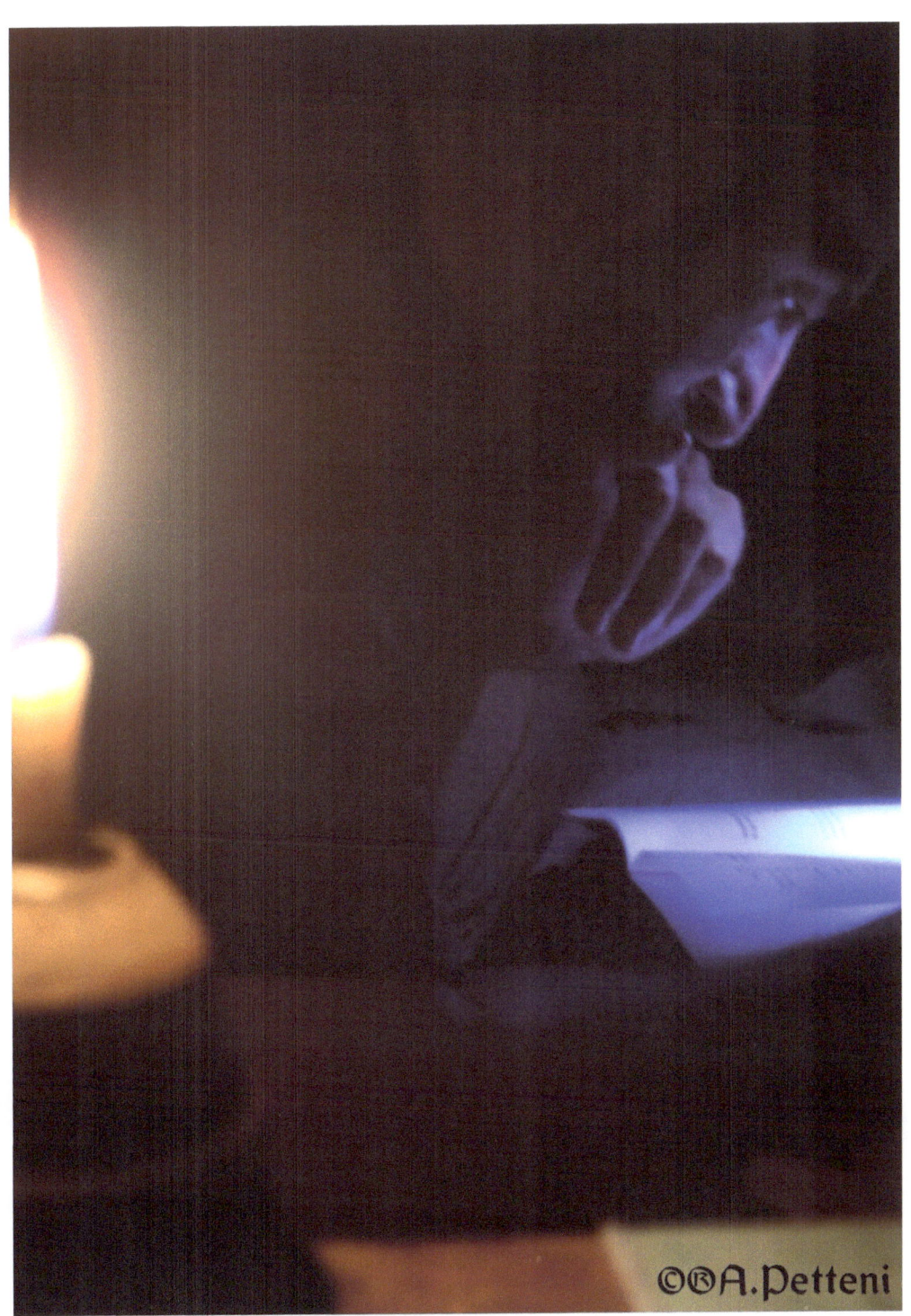

©®A.Petteni

Prego coloro che incapperanno in questo album
fotografico
di non renderne vano l'istinto
a lasciare una traccia del mio mondo
a quanti verranno.

Così in parte lo vidi
così in parte lo vissi.

Conserva questa pubblicazione con cura!

Grazie!!!

Marino Curnis
Bergamo, 19 dicembre 2008.

www.ingramcontent.com/pod-product-compliance
Lightning Source LLC
Chambersburg PA
CBHW050743180526
45159CB00003B/1332